AF272517

Uwe Hiltmann (Hrsg.)
Melanie Huber (Hrsg.)
Kai-Jürgen Lietz (Hrsg.)

Sternstunde für Unternehmer 2009
Das Referentenjahrbuch

Uwe Hiltmann (Hrsg.)
Melanie Huber (Hrsg.)
Kai-Jürgen Lietz (Hrsg.)

Sternstunde für Unternehmer 2009
Das Referentenjahrbuch

Aktuelle Termine und weitere Informationen zur Sternstunde für Unternehmer finden Sie unter:
www.unternehmer-sternstunde.de

Ihr direkter Kontakt:
direkt@unternehmer-sternstunde.de

Bibliographische Information der Deutschen Nationalbibliothek
Die Deutsche Nationalbibliothek verzeichnet diese Publikation in der Deutschen Natio-nalbibliografie; detaillierte bibliografische Daten sind im Internet über http://www.dnb.d-nb.de abrufbar.

© 2009 Uwe Hiltmann (Hrsg), Melanie Huber (Hrsg), Kai-Jürgen Lietz (Hrsg) und andere.
Herstellung und Verlag: Books on Demand GmbH, Norderstedt

ISBN 978-3-8370-3523-0

Inhaltsverzeichnis

Ein paar Worte zur Sternstunde für Unternehmer

Als wir im Herbst 2006 die ersten Sternstunden für Unternehmer veranstalteten, rechnete niemand damit, dass wir einen so großen Erfolg damit haben würden. Wir starteten damals in Hanau, Maintal und Rüsselsheim, also rund um Frankfurt am Main. Inzwischen bieten wir unsere Sternstunde von Marburg bis Heidelberg und von Gelnhausen bis Wiesbaden an.

Was ist die Sternstunde für Unternehmer?

Eine Veranstaltung, die ausnahmsweise nicht Ihre Zeit als Unternehmer, Selbständiger oder Manager verschwendet. Denn Sie bekommen hier innerhalb kürzester Zeit mehr Impulse für Ihr Unternehmen als in so mancher Tagesveranstaltung.

Wie machen wir das?

Die Referenten der Sternstunde sind für Ihre Themen ausgewiesene Fachleute. Anstatt Sie in den Vorträgen mit Ihnen bereits Bekanntem zu langweilen, konzentriert sich jeder Referent innerhalb seiner zehn Minuten auf die Aha-Elemente und Augenöffner, die Ihnen wahrscheinlich noch neu sind.

Warum ist das eine Sternstunde für Unternehmer?

Wie würden Sie es nennen, wenn Sie ein Feuerwerk aus sechs solchen inspirierenden, Augen öffnenden Zehnminutenvorträgen erleben können? Wir jedenfalls nennen es eine Sternstunde für Unternehmer!

Über dieses Buch

In diesem Buch finden Sie die Referentenprofile unseres Netzwerkes und einige spannende Fachartikel zu ihren Themen.

Wir haben uns dazu entschlossen, bei diesem Buch dasselbe Prinzip wie für die Sternstunde für Unternehmer anzuwenden. Mit anderen Worten, Sie finden in diesem Buch für jeden etwas, ob Sie Neues über Marketing im Internet erfahren wollen oder sich mit der Kunst der Kaltakquise auseinandersetzen wollen, mit Mentaltraining oder dem Geheimnis gelungener Präsentationen. In diesem Buch werden Sie fündig. Denn es ist für jeden Leser etwas dabei.

Ich wünsche Ihnen bei der Lektüre viel Vergnügen und freue mich Sie bald auch einmal bei einer unserer zahlreichen Veranstaltungen persönlich kennen zu lernen.

Ihr

Kai-Jürgen Lietz
(Herausgeber)

Die Referenten und Ihre Profile

Joachim G. Beyer	Stimmtrainer
Lilla Boros-Gmelin	Mediatorin
Christoph Burkard	Vertriebstrainer
Matthias Garten	Spezialist für Multimedia-Präsentationen
Christian Görtz	Unternehmensberater und Marketing-Coach
Yvonne Hahn	Hypnotherapeutin
Uwe Hiltmann	Internet-Unternehmensberater, Referenzen- und Reputationsmarketing
Melanie Huber	Spezialisting für Online- und Offline-PR
Peter Hupke	Trainer für Kaltakquise und Motivation
Kai-Jürgen Lietz	Entscheidercoach
Henry M. Müller	Personalberater
Cosima Reichwein	Designerin und Bildbotschafterin
Andreas Richter	Coach & Trainer
Graham P. Rogers	Mental Trainer
Susanne Siegmund	Mental Trainerin und Wellness Coach
Mathias Paul Weber	SteuerConflictCoach

Vita

Joachim G. Beyer, geboren am 20.05.61 in Karlsruhe
Abschluss als Logopäde an der Schule für Logopädie der Uni Göttingen
Selbständig seit 2005 mit „Die Macht der Stimme"

Kernkompetenzen

Meine Stärke ist die Verbindung von STIMME, SPRECHEN und PERSÖNLICHKEIT.
Es liegt mir am Herzen, Menschen, die die Stimme für wesentliche Teile ihres Berufes unbedingt benötigen, bei der Entwicklung und Optimierung ihrer Möglichkeiten professionell zu begleiten. Sie sollen und können in den Besitz und die authentische Anwendung ihrer Möglichkeiten kommen!

Dies führt zu einem stimmigen und authentischen Auftritt und unterstützt Sie unmittelbar bei Ihrem nächsten Vortrag, beim Meeting, der wichtigen Präsentation oder im Kundengespräch.

Veröffentlichungen: DVD und Trainings-CD StimmCoaching

Kontaktdaten

Die Macht der Stimme
Joachim G. Beyer
Maaßstr. 22
69123 Heidelberg

Tel.:   06221-431 9914
Fax: 06221-431 9913
Mobil: 0177-688588
info@die-Macht-der-Stimme.de
www.die-Macht-der-Stimme.de

Vita

Lilla Boros-Gmelin, Jahrgang 1957
naturwissenschaftliches Grundstudium, langjährige künstlerische Studien, mehrjährige pädagogische Tätigkeit, Bewegungsimprovisation, Schauspiel- und Tanzprojekte, Ausbildung zur Mediatorin, Mitglied im Bundesverband Mediation e.V., humanistische Forschungstätigkeit im Bereich Gender und Persönlichkeitsanteile, Gründungsmitglied des Instituts für Sozialforschung MAITRI e.V., Anwendung der "Gewaltfreien Kommunikation" nach Dr. Marshall Rosenberg im Bereich Kommunikation und Coaching, Freie Mitarbeiterin im Unternehmen "SOKRATeam" www.sokrateam.de

Kernkompetenzen

Ihre Stärken liegen in der Motivation und der Bindung von Mitarbeitern, denn eine Motivation und Bindung ist erst dann erfolgreich, wenn sie aus dem Inneren des Mitarbeiters kommt und als persönliche Verantwortung wahrgenommen wird. Frau Boros-Gmelin schafft die optimalen Voraussetzungen um diese Motivation zu ermöglichen.
Eine weitere Stärke ist die Mediation, d.h. nicht nur die Kommunikation zwischen verschiedenen Menschen zu verbessern, sondern auch die interne Kommunikation in jedem Menschen selbst zu ermöglichen. Also die verborgenen Ressourcen zu wecken um optimale und individuelle Lösungen für vorhandene Probleme zu schaffen.

Kontaktdaten

Lilla Boros-Gmelin
Mediatorin
Ploenniesstraße 22
D-64289 Darmstadt

Tel.:   +49 06151-783 830
Fax: +49 06151-783 830
Mobil : +49 0177-866 5102
email: info@mediation-boros.de
www.mediation-boros.de

Vita

Die lockere und natürliche Art von Herrn Burkard bei der Vermittlung des Stoffes, leicht erlernbar mit eingängigen Formeln, findet bei den Seminarteilnehmern immer wieder größte Anerkennung, sind sie doch die beste Gewähr für eine effiziente Umsetzung. Immer mit der Praxis verbunden, mit den Verkäuferinnen und Verkäufern in vorderster Front bei der Umsetzung der Themen dabei, erreichen die vorgestellten Verkaufstechniken höchste Akzeptanz.

Nicht umsonst lautet der Titel der Seminarreihe „Die Mathematik des erfolgreichen Verkaufens" - **einfach wie das 1x1.**

Bereits 1975, aus einer Tätigkeit aus dem Direktvertrieb heraus, traf er die Entscheidung für eine Karriere als Verkaufsberater und Trainer im Handel und im Direktvertrieb. Mehrere Seminare in Deutschland, der Schweiz und in den USA erweiterten die Qualifikation.

Profitieren Sie aus über 30 Jahren Praxis in den unterschiedlichsten Branchen wie z.B. Allfinanz (AXA Gruppe), Wein (Pieroth Gruppe), Kosmetik (Evora, Avon, Mary Kay), Haushaltswaren (AMC, Vorwerk, Tupperware), Familienwappen (Pro Heraldica), Zahnlabors, Zahnärzte, Touristik (Hapimag), Immobilien (LBS Auslandsimmobilien, Müller KG), und Warenhauskonzerne (Karstadt, Kaufhof, Hertie).

Kontaktdaten

Christoph Burkard
Verkaufstraining
Ostring 5
63533 Mainhausen

Tel.:   +49 06182-7831-27
Fax: +49 06182-7831-48
Mobil: +49 0172- 683 3343
info@c-burkard.de
www.c-burkard.de

Vita

Matthias Garten, Jahrgang 1964, Studium der Informatik an der Universität der Bundeswehr in München, Abschluss an der TU Darmstadt als Dipl. Wirtschaftsinformatiker. 1993 Gründung der Präsentationsagentur smavicon Best Business Presentations, 11 Mitarbeiter

Kernkompetenzen

Er ist der Top-Experte für Multimediapräsentationen im deutschsprachigen Raum, praxisorientierter Trainer, Berater, Dozent, Buchautor und Innovationsmanager. Mit seinem Team hat er mehr als 5.000 Präsentationen für über 150 Branchen erstellt. Darunter für Unternehmen wie z.B. Allianz, Merck, Nestlé, Paramount, Wella u.v.a. Neben der Beratung, Erstellung und Veredelung von Multimediapräsentationen für Unternehmen, wird auch die Vermittlung von Präsentationswissen in verschiedenen Seminaren angeboten, wie z.B. „Konzeption von Präsentationen", „Fortgeschrittene PowerPoint-Techniken". In seinen unterhaltsamen Vorträgen lebt er das, was er auch seinen Teilnehmern sagt. Häufige Kommentare zu seinen Vorträgen sind: „… sehr inspirierend und motivierend…", „… absolut spannend…", „… viele neue Ideen…" Seine Vorträge sind ein „Muss" für alle Firmen, die sich durch professionelle Multimediapräsentationen einen Wettbewerbsvorteil verschaffen wollen.

Kontaktdaten

smavicon Best Business Presentations
Dieselstr. 13
64347 Griesheim

Tel.: 06155-8444-0
Fax: 06155-8444-11
smavicon@smavicon.de
www.smavicon.de

Vita

Christian Görtz, Dipl.-Betriebswirt, Studium an der Fachhochschule Wiesbaden mit Schwerpunkt Marketing. Seit 1989 selbständiger Berater und Trainer.

In den letzten 20 Jahren hat er Erfahrung in Beratung und im Coaching von über 180 verschiedenen Branchen sammeln können.

Kernkompetenzen

Ziel ist es, kleine und mittelständische Unternehmen bei der Strategieentwicklung zu begleiten und durch den Einsatz von wirkungsvollen Marketing-Instrumenten zu weiteren Wachstum zu verhelfen.

Er setzt seine Schwerpunkte in Unternehmensentwicklungs-Programmen für stark expandierende Unternehmen sowie in Marketing-Konzepten und Marketing-Coaching-Programmen.

Sein Geschäft ist es, dass seine Kunden mehr Geschäft machen

Kontaktdaten

Joint Marketing Consult e.K.   Tel. 06157-3233
Dipl.-Betriebswirt Christian Görtz   Fax 06157-2830
Rügnerstr. 69   christian.goertz@t-online.de
64319 Pfungstadt   www.marketingtip.de

XING-Profil: https://www.xing.com/profile/Christian_Goertz/

Vita

Yvonne Hahn, geboren am 6.5.1975 in Neuss am Rhein
Selbständige Heilpraktikerin für Psychotherapie und Hypnosetherapeutin in eigener Praxis in Weiterstadt bei Darmstadt.
Seit Mai 2008 Geschäftsstellenleiterin Raum Frankfurt/Main des Hypnoseausbildungsinstitutes ICHP Deutschland.

Kernkompetenzen

Behandlung von Burn-Out-Syndromen, depressiven Störungen und anderen psychosomatischen Befindlichkeitsstörungen.
Zudem auch Unterstützung bei Gewichtsreduktion, Raucherentwöhnung und Selbstbewusstseinsstärkung.

Kombination aus NLP, Psychotherapie, Hypnoanalyse und unter anderem Elementen aus dem CQM (Chinesische Quantum Methode) und The Journey nach Brandon Bays.

Beratung und Behandlung individuell auf Ihre Bedürfnisse zugeschnitten. Kostenloses und unverbindliches Vorgespräch.

Kontaktdaten

Hypnowell
Die Kraft liegt in Dir
Niebergallstraße 19
64331 Weiterstadt

Tel.:   06150-544 199
Mobil: 0179-797 2840
Yvonne.Hahn@Hypnowell.de
www.Hypnowell.de

Vita

Uwe Hiltmann, Jahrgang 1969
Verlagskaufmann, Studium der Anthropologie und Philosophie in Mainz
Von 1995 bis 2006 Agentur für Print und Internet „panta rhei – InterMedia"
Von 2000 bis 2006 Leiter Online-Marketing/Online-Kommunikation der RWE Solutions
AG, Frankfurt (2,6 Mrd. € Umsatz, 13.000 MA. Stand 2005)
Seit 2006 selbständig als Internet-Unternehmensberater

Kernkompetenzen

Referenzen-Marketing® zur Umsatz-Steigerung
Analysen von Internet-Auftritten hinsichtlich Suchmaschinen-Auffindbarkeit und Benutzerfreundlichkeit
Konzeption von Internet- und Intranet-Auftritten
Umsetzungen suchmaschinenoptimierter Internet-Auftritte
Tracking von Website-Besuchern zur Optimierung der Website
Controlling von Internet-Maßnahmen und E-Mailing-Kampagnen
Coaching/Schulungen im Bereich Internet, Suchmaschinen-Optimierung etc.
Erstellung/Überarbeitung suchmaschinenoptimierter Internet-Texte
Externes Projekt-Management und -Leitung bei Internet-/Intranet-Projekten
Uwe Hiltmann ist Mitglied im BVMW und bei www.profitexter.net.

Kontaktdaten

Uwe Hiltmann
Internet-Unternehmensberater
Homburger Strasse 14
D-61352 Bad Homburg

Tel.:   06172-495-007
Fax: 06172-495-008 oder
           0180-355 184 4586
Mobil: 0160-989 469 21
uhi@hiltmann.net
www.hiltman.net

Vita

Melanie Huber, geb. Ruprecht, ist Leiterin des Portals evangelisch.de. Zuvor war sie Gründerin und Inhaberin der Kommunikations-Agentur Kilroy PR (www.kilroy-pr.de) in Kronberg. Sie verfügt über eine mehr als fünfzehnjährige Praxis im Medien- und Kommunikations-Bereich und war u.a. von 2001 bis 2006 als Redaktionsleiterin bei der ZEIT online tätig; davor verantwortete sie bei der Sächsischen Zeitung online in gleicher Position die Online-Ausgabe. Melanie Huber arbeitete für die Westfälischen Nachrichten, die Badische Zeitung und die Dresdner Morgenpost.

Publikationen: „Kommunikation im Web 2.0" von UVK (Februar 2008), Du-Mont „Internet-Kompass Reisen" und Fachbeitrag in W. Zehrt "Die Presse-mitteilung".

Kontaktdaten

Kilroy PR
Im Brühl 40
61476 Kronberg

Tel: 06173-964 694
huber@kilroy-pr.de
www.kilroy-pr.de
www.kilroy-blog.de

ISBN: 9783867640343 Kommunikation im Web 2.0

Vita

Peter Hupke, geboren am 08.04.1971 in Hanau
Fachkaufmann für Marketing/IHK 2002
Lehrer für Selbstbehauptung und -verteidigung 2004
Deutscher Meister im Vollkontakt Escrima 2005
Europameister im Vollkontakt Escrima 2006
NLP Master 2007
Business Coach 2008.
13 Jahre Berufserfahrung in den Bereichen Marketing und Vertrieb
Selbständiger Vertriebsberater und -coach, Business Coach in der Motivationswerkstatt
Peter Hupke 2008

Kernkompetenzen

Entwickeln von individuellen Vertriebsstrategien, Vertriebsorganisationberatung, Coaching von Fach- und Führungskräften im Vertrieb, Akquisetraining und -coaching, Unterstützung bei der Entwicklung von Motivationsstrategien im beruflichen und privaten Kontext

Kontaktdaten

Motivationswerkstatt
Peter Hupke
Rodenbacher Chaussee 6
63457 Hanau

Tel: 06181-675 6432
Mobil: 0177-818 1565
peter.hupke@motivationswerkstatt.de
www.motivationswerkstatt.de

Vita

Dipl.-Kfm. Kai-Jürgen Lietz, Jahrgang 1969.

Nach meinem Betriebswirtschafts-Studium war ich über zehn Jahre lang als Unternehmensberater in verschiedenen Unternehmen tätig. Dabei habe ich immer wieder gute und schlechte Top-Entscheider erleben dürfen. Ich fand die Lücke und machte mich als Entscheidercoach selbständig.

Seit 2004 coache ich Manager, Selbständige und Unternehmer dabei noch bessere Entscheidungen zu treffen.

Meine Praxis ist dabei so inspirierend und vielfältig, dass ich darüber drei Bücher geschrieben habe:

„Das Entscheider-Buch. 15 Entscheidungsfallen und wie man sie vermeidet", Carl Hanser Verlag 2007

„Die Entscheider-Bibel", Carl Hanser Verlag 2009.

„Sparen ohne Opfer. Mit Alltagsentscheidungen gewinnen", BOD 2009

Kernkompetenzen

Meine Kernkompetenz ist das Coaching von Entscheidungen.

Für gute Entscheidungen braucht es drei Schlüsselelemente:

1. Entscheidungsklarheit – was will ich wirklich?
2. Attraktive Alternativen – ohne Sie gibt es keine guten Entscheidungen.
3. Größtmögliche Unterstützung für die Umsetzung.

Kontaktdaten

Domain of Excellence

Kai-Jürgen Lietz

Saalburgstr. 102

61250 Bad Homburg

Tel.: 06172-998 901

Fax: 06172-998 902

direkt@entscheidercoach.de

www.entscheidercoach.de

www.entscheiderblog.de

Vita

Henry Müller, geb. 11.05.1939, in Bremen, verheiratet, zwei Söhne, 33 Jahre Personal-Management in zwei Warenhaus-Unternehmen in Linie und Stab.
Die Aktions-Felder umfassten Planung/Steuerung/Management der klassischen Funktionen im Personal-Bereich:

Einstellung/Einsatz/Entwicklung/Entlohnung/Erhaltung/alternativer Einsatz

Selbständig seit 1995 **als hmhm/Henry Müller/Human Management**

Kernkompetenzen

Talent- und Profil-Management für Anforderungen, Qualifikationen und Eignung. Basis sind spezifische, DV-gestützte, modular einsetzbare Grundlagen und Instrumente für die Personalarbeit vor Ort.
Die neue qualitative Systematik soll aus der Mitte des Unternehmens heraus wachsen und entwickelt werden. Fokus liegt auf der erfolgreichen, effizienten und effektiven Nutzung – einfach, verständlich, nachvollziehbar, wirtschaftlich.
Personal-Beratung und Personal-Vermittlung
Exclusive, herausfordernde Aufgabenstellungen unter dem Motto:

Menschen in Unternehmen
unser Human-Kapital und Erfolgs-Faktor
Stärken entdecken, entwickeln, einsetzen
mit Profil gewinnen

Kontaktdaten

hmhm/Henry Müller
Human Management
Auf der Erlenwiese 14
61267 Neu-Anspach

Tel.: 06081-961 220
Fax: 06081-961 221
eMail henrym@talente-profile.de

Vita

Cosima Reichwein, geboren am 11.2.59 in Alzenau
Abschluß an der HFG Offenbach 1988 als Dipl. Designerin.
Selbständig seit 1989 mit der Designagentur Art & Form design in Alzenau

Kernkompetenzen

Als Bildbotschafterin mache ich die Einzigartigkeit (USP) sowie komplexe Dienstleistungen und Produkte eines Unternehmens verständlicher.
Mit Hilfe von Bildbotschaften wird komplexes einfach und leicht verständlich und erhält außerdem einen hohen Erinnerungswert – eine Wahrnehmung mit Haftwirkung!

Diese Bildbotschaften werden konzeptionell und gestalterisch in Broschüren, Flyern, Anzeigen und Webseiten eingebunden und finden zusätzlich als Wortbilder in den Vorstellungsrunden an Netzwerkabenden Verwendung.

Kontaktdaten

Art & Form design
Inhaberin: Cosima Reichwein
Gelnhäuserstr. 17
63755 Alzenau

Tel.: 06023-505 077
Fax: 06023-505 078
info@art-form-design.de
www.art-form-design.de

Vita

Andreas Richter, geboren am 15.3.67 im Westerwald.
1988 gründet er seine erste Firma, die sich damals mit dem Vertrieb von Computern beschäftigte. 1993 gründete er seine zweite Firma, die sich mit Dienstleistung an sich beschäftigte. Hier erlernte er das Verständnis von Service ganz neu kennen ... 1998 begann er dann noch einmal NEU als Executive Coach und Business Trainer.

Kernkompetenzen

Seine Stärken liegen im Aktivieren von Teams. Das Erwecken des Teamspirits gelingt ihm auf Grund seines 10-jährigen Erfahrungsschatzes im Umgang mit Menschen und Organisationen. Neben des Studiums zum NLP-Pracitioner, Master, Trainer (GTC), ergänzte er sein Wissen mit Weiterbildungen in Transaktionsanalyse, verschiedenen Moderationstechniken und in Systemtheorie.

Wichtig sind für ihn Themen wie „Team-Motivation" und „Vertrauen im Business". Er begleitet Firmen im Mittelstand beim Change-Management und verhilft Ihnen und Ihrem Team zu mehr Motivation und Spaß an der Arbeit. Für ihn ist Training EnterTrainment!

Damit das Lernen Spaß macht – und dieser Spaß am Arbeitsplatz einfließt.

Kontaktdaten

Coachnow.de
Wilhelm-Leuschner-Str. 124
63263 Neu-Isenburg

Tel.:   +49 069-4289 2858
Fax: +49 069-4289 2858
Mobil: +49 0172-693 0545
andreas.richter@coachnow.de
www.coachnow.de

Vita

Als Gründer und Inhaber von THINKTALL wird der international tätige Mental-Trainer und -Coach aus England seit vielen Jahren von namenhaften Unternehmen in der Personal- und Marketingentwicklung gebucht. Er kenn die Anforderungen des mittleren und gehobenen Managements wie seine Westentasche.

Seine Seminarteilnehmer profitieren von seinen 25 Jahren Erfahrung, in denen sich Graham Rogers privat wie beruflich in einem internationalen Umfeld bewegt hat.

Kernkompetenzen

Rogers konzentriert sich auf die mentalen Bereiche, die mit einfachen mitteln mobilisert werden können und hat komplexe Themen auf das Wesentliche reduziert. Seine sympathische Ausstrahlung, gekoppelt mit seinem kurzweiligen Vortragsstil machen jedes Seminare zu einem unvergesslichen Erlebnis.

Kontaktdaten

thinktall Mental Training
Kennedyallee 50
D-60596 Frankfurt

Tel.:   +49 069- 633 07107
Fax: +49 069- 633 07106
Mobil: +49 0171-142 1019
G.Rogers@thinktall.com
www.thinktall.de

Vita

Susanne Siegmund geboren am 16.01.1962 in Laatzen bei Hannover
Ausbildung: psycholog. Berater, Wellness- /Mental-Coach, Familienaufsteller.
Selbständig seit 2006 als Dipl.Wellness- und Mental-Coach in Aschaffenburg.

Kernkompetenzen

Ausbildung zur Arzthelferin
Psychologische Beraterin
Dipl. Wellness- und Mentalcoach (DGMT)
Familienaufstellerin
Kindermentalcoach
NLP-Sportmental-Coach
Reiki nach Dr. Usui (1. Grad)

Mein Schwerpunkt
Familienaufstellungen, Coaching und Seminare

Kontaktdaten

Mentalpower im Alltag
Susanne Siegmund
Beethovenstr. 69
63743 Aschaffenburg

Tel.: 06028-995 375
Fax: 06028-995 376
info@susanne-siegmund.de
www.susanne-siegmund.de

Vita

Mathias Paul Weber, Dipl.-Finanzwirt, Steuerberater
SteuerConflictCoach
Jahrgang 1965, verheiratet, 2 Kinder, Ausbildung zum Steuerinspektor 1985 – 1988, Wehrdienst 1988 – 1989, OFD Frankfurt/M. 1990 – 1992, Steuerberater seit 1994, Tätigkeit in verschiedenen Steuerkanzleien, seit 1996 selbständig, von 1996 bis 2002 eigene Kanzlei in Leipzig, seit 2002 in eigener Kanzlei in Angelburg/Hessen, seit 2003 auch als Coach tätig. Seit 2005 erster SteuerConflictCoach Deutschlands

Kernkompetenzen

Mathias Paul Weber kennt die Finanzverwaltung seit fast einem Vierteljahrhundert – und zwar von beiden Seiten. Er weiß aus eigener Erfahrung genau um die Abläufe beim Finanzamt, die Denk- und Vorgehensweise der Finanzbeamten – ebenso wie die Sorgen und Nöte der Steuerbürger. Seine besondere Kompetenz liegt in der Lösung verfahrener Situationen, er ist ein bundesweit gefragter Troubleshooter in Steuerfragen und Spezialist für die Vermeidung von Konfliktsituationen. Als Referent sorgt er mit seinen spannenden und unterhaltsamen Vorträgen für zahlreiche AHA-Erlebnisse bei den Zuhörern.
"Wenn gar nichts mehr geht, vermittelt Mathias Paul Weber. Er ist Deutschlands erster SteuerConflictCoach." FAZ vom 15.10.2006

Kontaktdaten

Mathias Paul Weber
Marburger Straße 5
35719 Angelburg

Tel.: 06464-934 924
Fax: 06464-913 907
Mobil: 0171- 891 8610
info@steuerconflictcoach.de
www.steuerconflictcoach.de

Die Fachbeiträge der Referenten

Mit Conversational Marketing im Gespräch bleiben

Von Melanie Huber

Mit Kunden sprechen? Dank Internet bleibt der Aufwand gering. Die Ergebnisse verblüffen

Schnell noch in den Jour Fixe, dann zur Besprechung, anschließend ist eine Telefonkonferenz anberaumt. Meetings, Meetings, Meetings. In Unternehmen wird heutzutage viel gesprochen. Wer macht was, wie kommt die neue Kampagne an, gibt es neue Ideen? Dass Kommunikation mit der wichtigste Faktor für Erfolg ist, haben die meisten Firmen inzwischen erkannt. Dass die Kommunikation nicht nur den Austausch mit den eigenen Mitarbeitern betrifft, wird hingegen eher verdrängt. Gerade der aktive Dialog mit Kunden und potenziellen Zielgruppen hat in den vergangenen Jahren sehr stark an Bedeutung zugenommen.

Zu fragen, um Rat zu bitten, einschätzen zu lassen – das sind nur einige Möglichkeiten des sogenannten Conversational Marketings. Was einfach klingt, ist für viele Unternehmen eine echte Herausforderung. Die Scheu vor Transparenz und die Angst vor Imageverlusten sind groß. „Wir können doch nicht unsere Verbraucher um Hilfe bitten, wie sieht das aus?", ist häufig von den Verantwortlichen zu hören. Dabei verwechseln sie den verzweifelten Ruf nach Unterstützung mit dem aufrichtigen Angebot, Wissen oder Meinungen auszutauschen.

Es ist nichts dabei, mit seinen Zielgruppen in einem intensiven Dialog zu stehen und sich eventuell bereits vor der Einführung eines neuen Produktes nach dem Bedarf zu erkundigen … Über Marktforschung und „Hausfrauentests" ist dies üblich, doch mit Hilfe des Internets können viel schneller und kostengünstiger echte Dialoge geführt werden. Und das nicht nur im geheimen Kämmerlein, sondern offen und frei einsehbar für andere Interessierte, die allein durch das Lesen vielleicht zu großen Fans einer Marke werden. Doch die Skepsis ist groß, dass allzu negative oder gar falsche Äußerungen genau das Gegenteil vom Angestrebten erreichen könnten.

Es geht weg vom Abschotten und Stillschweigen hin zum offenen Austausch und klarer Stellungnahme

Das Schöne am heutigen Web ist, dass es sich zu einem extrem demokratischen Medium entwickelt hat. Was der eine kritisiert, findet der andere gut. Wo jemand mit falschen Äußerungen provoziert, werden sich schnell Experten einfinden und den Sachverhalt richtig stellen. Dieses Prinzip funktioniert nur dann nicht, wenn nicht genügend (aktive) Leser beteiligt sind. Aber in diesem Fall hat die Webseite eh' (meist) keine Relevanz und das Geschriebene wird nicht aufgegriffen. Ausnahmen bestätigen natürlich die Regel, aber dann kann sich das Unternehmen immer noch aktiv, glaubwürdig und kompetent in den Dialog einschalten.

Doch wie spreche ich mögliche Multiplikatoren im Web an? Zunächst sollte man sich überlegen, was und wen man überhaupt erreichen möchte. Dazu sucht man sich die entsprechenden Web-Angebote heraus. Dann überlege ich mir, was für den Blogger oder das Netzwerk wirklich interessant sein könnte. Eine Pressemeldung ist es kaum. Es geht um exklusive Informationen oder individuelle Kooperationen. Wenn ich dann alle im Unternehmen davon überzeugt habe, dass bei der Kommunikation Werbung und Marketing im herkömmlichen Sinne keine Rolle spielen dürfen, kann ich den Influencer kontaktieren – am besten telefonisch. Ich frage erstmal nach, ob Interesse an dem Austausch besteht. Niemals sollte man ungefragt Informationen an einen Multiplikator schicken. Das Unternehmen sollte sich auch immer fragen, was die Besucher eines Blogs oder Netzwerks interessieren könnte. Wenn ich darauf keine Antwort habe, sollte ich mich auch nicht rühren.

Was ist passiert im Internet, dass nun plötzlich bewährte und vertraute Kommunikationsregeln und Aufgabengebiete ganzer Berufsstände neu definiert werden? – Die Anwendungen sind heutzutage schlicht einfacher zu bedienen, ein jeder findet einen Inhalt, der ihn oder sie interessiert. Und ganz neben bei hat sich das Bedürfnis verstärkt, die Erfahrungen und eigenen Meinungen mit anderen zu teilen, diese gar öffentlich zu dokumentieren. Noch vor acht Jahren hätte sich ein über ein Werbeplakat irritierter Spaziergänger vielleicht mit ein paar Freunden in der Kneipe darüber unterhalten, seiner Frau verwundert von dem überraschenden Motiv erzählt. Und dann vergessen. Doch heute gibt es Weblogs. In den Zeiten des so genannten Web 2.0 wird öffentlich, was einst nur im Privaten besprochen wurde, wird dokumentiert, was die Menschen beschäftigt. Und regelmäßig werden Marken, Dienstleistungen, Kampagnen und auch einzelne Personen aus Unternehmen erwähnt, gelobt oder auch kritisiert.

Das Monitoring von Weblogs kann Krisen vorbeugen und zur Verbesserung der Produkte und Dienstleistungen führen

Wer sich Meinungen über ein Produkt, ein Unternehmen oder eine Dienstleistung einholen möchte, nutzt dazu immer häufiger die Möglichkeiten des Web 2.0. Weblogs sind hierbei die mächtigsten Sprachorgane. Empfehlungen oder negative Urteile von anderen Verbrauchern werden heutzutage höher bewertet als Test-Urteile von Journalisten. Letztlich war es schon immer so, dass der Rat eines Bekannten mehr zählte als ein Zeitungsartikel. Und heute kann der Kunde zusätzlich auf unendlich viele Tipps der „virtuellen Freunde" im Netz zählen. Wer ein Weblog betreibt, findet schnell seine Anhängerschaft, die regelmäßig wiederkehrt. Die Beiträge des Autors werden ernst genommen, Ratschläge ebenso. Denn kaum jemand kann es sich leisten, etwas Falsches zu schreiben, zu Unrecht zu loben oder zu kritisieren. Da alle Äußerungen frei zugänglich und zu kommentieren sind, würde eine Falschaussage schnell korrigiert.

Was kann ein Unternehmen, ein Dienstleister, ein PR-Profi tun, wie mit möglicher Kritik umgehen? Letztlich gibt es vier wesentliche Punkte: finden, bewerten, beobachten und – eventuell – reagieren. Diese allesamt machen das so genannte Blog-Monitoring aus.

Weblog-Beiträge finden

Im ersten Schritt geht es darum, diejenigen Weblog-Beiträge zu finden, die sich mit dem eigenen Unternehmen oder den Marken und Services beschäftigen – oder denen des Wettbewerbers; denn es ist ja auch wichtig zu wissen, was über Wettbewerber berichtet wird. Mit Hilfe von Suchmaschinen, die gezielt Weblogs unter die Lupe nehmen, können Beiträge in Weblogs identifiziert werden, welche gewählte Suchbegriffe oder -kombinationen beinhalten. Unter www.technorati.com, www.blogpulse.com oder auch www.pubsub.com kann beispielsweise gezielt nach dem eigenen Unternehmen, speziellen Dienstleistungen und auch Werbe-Slogans gesucht werden. Der Vorteil gegenüber den Suchmaschinen wie Yahoo oder Google: Neben der reinen Fundstelle bieten Technorati & Co. wichtige Informationen über die Relevanz und den Vernetzungsgrad.

Weblogs bewerten

Die Bewertung der Weblogs nach Zugriffszahl, Verlinkungen, Häufigkeit der Aktualisierung und Kommentierung ist ebenso wichtig wie Frage, ob sich ein Weblog regelmäßig mit der gesuchten Thematik beschäftigt. Kurz: Wird nur ausnahmsweise die gesuchte Branche erwähnt oder schreibt der Autor regelmäßig über das erwähnte Thema? Wird das Weblog überhaupt von anderen gelesen oder kommentiert? Je nach Einschätzung der Fundstelle ergeben sich unterschiedliche Wege, um zu reagieren. Oder eben nicht zu reagieren. Denn ein Weblog, das keine oder nur wenige Leser hat, sollte zwar registriert werden, doch eine Kontaktaufnahme mit dem Autor würde im Zweifel dem Geschriebenen eine zu hohe Bedeutung geben.

Weblogs beobachten

Viel wichtiger als das Reagieren ist das Beobachten von Weblogs. Diejenigen Blogger, die ausnahmsweise über Reisen, Telekommunikation oder eine Werbekampagne berichten müssen maximal drei, vier Tage nach dem Erscheinen des Berichts regelmäßig besucht und daraufhin kontrolliert werden, ob eine Diskussion außer Kontrolle gerät. Meist haben in dieser kurzen Zeit neue Einträge und neue Diskussionen die Aufmerksamkeit auf sich gezogen; das Thema ist erledigt. Doch diejenigen Weblogs, die sich regelmäßig oder ausschließlich mit den Themen des zu vertretenden Unternehmens beschäftigen – Tangenten zum Kern eines Unternehmens aufweisen – müssen an sich konstant beobachtet werden. Hier könnte jederzeit Kritik geübt werden. Gerade, wenn die Webseite über hohe Zugriffszahlen und einen starken Vernetzungsgrad verfügt, sollte sie Teil des Monitorings sein.

Dies erfolgt mit Hilfe von so genannten RSS-Readern sehr bequem. RSS bedeutet quasi „Really simple Syndication" und bewirkt, dass Webseiten, die wie Weblogs über einen RSS-Feed verfügen, sehr einfach beobachtet werden können. Man abonniert quasi einen

Feed und kann mit Hilfe des RSS-Readers feststellen, ob ein neuer Text verfasst wurde, diesen sogar lesen – ohne die Webseite, das Weblog aufrufen zu müssen. Der Einsatz dieses Hilfsmittels ist vor allem dann sinnvoll, wenn mehrere Webseiten „beobachtet" werden sollen, wenn man nicht jede Stunde zehn Weblogs aufrufen und kontrollieren möchte, ob eventuell ein neuer Artikel über das neue Angebot verfasst wurde...

Das Beobachten sollte nicht nur das Ziel haben, eventuelle Krisen abzuwenden, frühzeitig Vorwürfe zu entdecken. Interessanter sind die Meinungen und Bewertungen durch die Verbraucher in Hinblick auf die Verbesserung von Produkten oder Dienstleistungen. In Weblogs wird ungefiltert das ausgesprochen, was die Kunden beim Anruf im Call Center nicht zu sagen wagen, bei Online-Bestellungen nicht vermitteln können. Das Monitoring von Weblogs ist ein kostengünstiger und zugleich sehr schneller Weg zur Marktforschung.

Auf Weblog-Beiträge reagieren

Ein Weblog-Beitrag, der nicht oder nur von wenigen gelesen wird, muss nicht kommentiert werden, sollte nicht kommentiert werden. Anders verhält es sich mit Weblogs, die über eine konstant hohe Leserschaft verfügen. Hier kann eine negative Äußerung sogar dazu genutzt werden, sich positiv darzustellen. Die Voraussetzung: Ein offener und ehrlicher Umgang mit der Kritik. Sich den Vorwürfen zu stellen, eventuelle Gründe für eine Entscheidung darzulegen und auf Augenhöhe mit den Blog-Autoren und anderen Lesern zu diskutieren, führt zu Verständnis oder zumindest dazu, dass man sich mit den Argumenten des Kritisierten beschäftigt. Auf keinen Fall sollte versucht werden, anonym oder unter Pseudonym eine Art positive Stimmung aufzubauen. Fast immer wird diese unehrliche Art der Kommunikation aufgedeckt und dazu führen, dass sich mehr Blogger und Journalisten mit den Vorwürfen beschäftigen.

Für den Umgang mit Bloggern gibt es keine einheitlichen Regeln. Allen gemein ist, dass sie ernst genommen werden möchten. Und so könnte manch ein Unternehmen in einem Blogger und vielen seiner Leser vielleicht echte Fürsprecher gewinnen, wenn sich jemand in die Diskussion einmischen und Hintergründe erklären würde. Allein das Signal, dass eine Diskussion der Verbraucher von einem Unternehmen registriert wird, würde auf freudiges Erstaunen und Wohlwollen stoßen. Und den einen oder anderen vielleicht anders über den kritisierten Service denken lassen.

Der Weg zum eigenen Weblog

Wenn ein Manager seinen trendbewussten Assistenten beauftragt, eine Präsentation zum Thema Weblogs zu erstellen, ist es meist zu spät. Das Scheitern vorprogrammiert. Es werden interne Workshops einberufen, in denen Führungskräfte erfahren, was es mit dem Begriff auf sich hat, wie wichtig sie für amerikanische Firmen sind und dass man unbedingt dem Trend folgen sollte. Alle Teilnehmer nicken, sind tief beeindruckt und bitten den Assistenten mal herauszufinden, sich die Unternehmens-Blogs in den USA mal genauer anzuschauen.

In einem Folge-Workshop wird dies besprochen und eine Arbeitsgruppe einberufen. Zufrieden gehen die Entscheider auseinander und hoffen, dass die jungen, online-affinen Kollegen ein erfolgreiches Konzept entwickeln. Mit etwas Glück tun sie das auch und stellen es stolz einige Wochen später vor. Nur leider ist das Plenum gerade gedanklich bei den Umsatzrückgängen und einer Qualitätspanne.

Dass man mit Weblogs keine Erlöse erzielen kann, sie auch noch einigen Aufwand bedeuten, spricht eindeutig gegen die „große Lösung". Warum nicht im Kleinen starten? Die Arbeitsgruppe ist erneut gefragt. Zum nächsten Treffen erscheint dann nur noch rund die Hälfte der ursprünglichen Teilnehmer. Man einigt sich auf die Idee, dass die PR-Praktikantin ein Weblog bei Blogger.com einrichtet und dort fortan Auszüge aus Pressemitteilungen und kurze Unternehmensnachrichten veröffentlich – selbstverständlich nicht ohne, dass ihre Chefin dies vorher gegengelesen hat. Leserkommentare sollten erst mal nicht aufgenommen werden. Denn wer würde über Grenzfälle entscheiden? Und die Flut an Beiträgen gegenlesen? Das Blog wird auf der Homepage im „Über uns" eingebunden, und dann wartet man ab, wie die Reaktionen ausfallen. Die bleiben aus. Kaum ein Website-Besucher findet das Blog, er kann seine Klage über die Endlos-Schleife der Telefonhotline nicht platzieren, und dann ist die Praktikantin auch noch so mit der Vorbereitung einer Veranstaltung beschäftigt, dass sie nur spät nachts am privaten PC Zeit findet, ein paar Zeilen zu formulieren. Im Textverarbeitungsprogramm, denn sie müssen ja noch abgenommen werden. Das dauert meist ein paar Tage, da die Vorgesetzte mit einer langfristig ausgerichteten Kampagne beschäftigt ist. Nach drei Monaten kommt eine neue Praktikantin.

Was ist falsch gelaufen?

Die Entscheidung, ein Corporate Blog einzurichten ist nicht vergleichbar mit der, eine neue Marketingmaßnahme zu entwickeln oder die Webseite zu überarbeiten. Der Aufwand wird unterschätzt, die Erlöse und der Effekt nicht realistisch betrachtet. Eine Unternehmen, in dem sich bisher kein Mitarbeiter mit Weblogs beschäftigt hat, sie regelmäßig liest, sich an Diskussionen beteiligt und vielleicht sogar privat bloggt, hat Nachholbedarf. Wenn das Management nicht bereit dazu ist, diesen finanziell und personell zu unterstützen, wird das „Experiment" Weblogs scheitern. Man sollte auf ihren Einsatz verzichten. Aber: die Mühen und Kosten lassen sich durch das Beachten von einigen Regeln deutlich reduzieren. Und: sie lohnen sich.

Chancen und Risiken beim Einsatz von Weblogs

Ein Unternehmens-Blog zu etablieren bedeutet in erster Linie, einen neuen Weg einzuschlagen, neue Zielgruppen anzusprechen, neue Formen der Begegnung zuzulassen – eine Chance zu ergreifen. Doch jedes Abenteuer birgt Risiken in sich, mal mehr, mal weniger, je nachdem, wie gut die Vorbereitung war.
Ein Blog ist eine Herausforderung – für das Management, das Marketing, den Vertrieb, die Mitarbeiter. Wer bloggt, tritt in den direkten Dialog mit seinen Lesern. Das Gespräch

verläuft ungefiltert und öffentlich. Daraus ergeben sich neue Formen der Meinungsbildung, Ansätze zur Mund-zu-Mund-Propaganda. Multiplikatoren – wie Händler, Vertriebsassistenten, Journalisten, Manager, Entwickler, Lageristen und Verbraucher – können die Beziehung untereinander und zum Unternehmen intensivieren. Dies zudem verhältnismäßig kostengünstig und schnell.

Neben dem Innovationsbonus, der bald keine Rolle mehr spielen wird, erhält der Blog-Betreiber die Chance, seine Glaubwürdigkeit zu steigern. Wer sich der Kritik der Verbraucher stellt, Anregungen aufgreift und sich mit ihnen auseinandersetzt, sich nicht versteckt und ehrlich ist, wird anderes wahrgenommen.

Regeln für das Unternehmens-Blog

1. Relevanz. Grundsätzlich sollte nur bloggen, wer etwas zu sagen hat.
2. Ehrlichkeit gegenüber Lesern und anderen Bloggern.
3. Verständnis für das Genre. Über spezielle Suchmaschine wie www.blogstats.de oder www.technorati .com lassen sich Blogs komfortabel finden.
4. Lesen. Das regelmäßige Lesen von Blogs geht am einfachsten mit einem so genannten RSS-Reader (die Abkürzung steht für Really Simple Syndication oder Rich Site Summary). Dieses Format ermöglicht es, schnell neue Inhalte auf Webseiten zu registrieren und sich diese anzeigen zu lassen.
5. Vielfalt. Mehrmals in der Woche müssen neue Einträge verfasst werden, zu möglichst breit gefächerten Themen und in unterschiedlichen Formaten.
6. Diskussion. Kommentare und Verlinkungen ermöglichen einen fruchtbaren Dialog.
7. Kritikfähigkeit. Gehen Sie entspannt mit negativen Äußerungen um, seien Sie freundlich, aber offensiv.
8. Verschwiegenheit. Betriebsgeheimnisse müssen gewahrt bleiben, über den Wettbewerb nicht lästern.

Sackgassen der Kommunikation

Das Internet verändert also auch die Kommunikation von Unternehmen, Pressestellen und Kommunikationsexperten. Diese treten mit ihren wohldurchdachten Informationen in Wettbewerb zu neuen, auch privaten Publizisten. Plötzlich werden Unternehmen mitsamt allen dazugehörigen Aktivitäten bewertet – und das öffentlich, für jedermann einsehbar und langfristig, vielleicht sogar auf Dauer dokumentiert. Auch falsche, einseitige oder manipulative Berichte stehen im Internet frei zur Verfügung – neben den klassischen Pressemeldungen oder Produktinformationen. Jede noch so kleine Zielgruppe findet in Nischenangeboten Gleichgesinnte und einen Ort, sich auszutauschen, rund um die Uhr, an jedem Tag des Jahres, egal von welchem Ort aus. Statt des Einweg-Dialoges fördert das Web 2.0 den Dialog zwischen allen. Und es verändert Beziehungen.

Die neuen Formen der Beziehungspflege

Zwischen Ihnen und den Verbrauchern:
Verbraucher erwarten Feedback, schnelle Antworten, Hilfe. Sie können dem Verbraucher ein Stück näher kommen, indem Sie »ihn lesen«. Beantworten Sie Fragen, sorgen Sie für Klarheit

Zwischen Ihnen und Kollegen:
Sie können über Ländergrenzen hinweg in engem Kontakt bleiben, Projekte vorantreiben. Ihre Rolle, Tätigkeit verändert sich.

Zwischen Ihnen und Geschäftspartnern:
Auch Partner informieren sich über Sie und die Bewertungen durch Konsumenten im Internet. Und auch diese Reputation von Partnern fällt auf Sie zurück.

Zwischen Ihnen und den Medien:
Online-Recherche in Foren und Blogs ist auch bei Journalisten üblich. Was Sie dem Redakteur erzählen, wird dieser im Internet überprüfen können.

Referenzen-Marketing® – Die Multiplikation des Empfehlungs-Marketings

Von Uwe Hiltmann

Wie Sie mit bestehenden Kunden neue Kunden anziehen und Ihr bestehendes Geschäft ausbauen und erweitern

Was ist Referenzen-Marketing®? In meinen Vorträgen sitzen oftmals Unternehmer, die Referenzen-Marketing® mit Empfehlungsmarketing verwechseln. Auf die meist auftauchende Frage, worin sich Referenzen-Marketing® denn vom Empfehlungsmarketing unterscheidet, antworte ich:
Referenzen-Marketing® ist die Multiplikation des Empfehlungsmarketing.

Denn wo ich beim Empfehlungsmarketing nur eine Weiterempfehlung erreichen kann (mein Kunde empfiehlt mich z. B. einem Freund oder Bekannten), kann ich beim Referenzen-Marketing® theoretisch unbegrenzt viele Menschen erreichen. Die Zeichnung auf der nächsten Seite mag dies verdeutlichen.

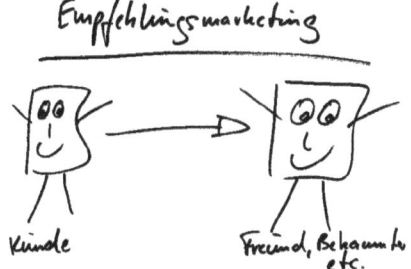

Stellen Sie es sich wie folgt vor: beim Empfehlungsmarketing spricht ein Kunde mit einem Bekannten, Freund oder wem auch immer und empfiehlt Sie bestenfalls weiter. Das ist gut. Abhängig vom Freundes- oder Bekanntenkreis dieses Kunden kann er Sie auch gut weiter empfehlen. Doch es ist begrenzt auf diese eine Person.

Durch das Referenzen-Marketing® wird dieser Effekt „multipliziert". Dadurch, das eine Empfehlung auf ein verbreitungsfähiges Medium (was ich damit meine, zeige ich später in diesem Artikel) übertragen wird, kann ich nun mit nur EINER Referenz, einer Empfehlung auf einmal gleich bestenfalls hunderte, ja manchmal sogar tausende von Interessenten erreichen und mit der Referenz von mir und/oder meinen Produkten und Dienstleistungen überzeugen.

Wie Sie das genau im Einzelnen machen können, dazu komme ich später noch. Vorab möchte ich kurz erklären, wieso Referenzen-Marketing® so gut funktioniert.

Referenzen-Marketing® nutzt uralte Überlebens-Instinkte des Menschen

Denn: Referenzen-Marketing® funktioniert! Es basiert auf uralten Instinkten, die noch immer das Verhalten eines Menschen auf unbewusster Ebene steuern.

Um Ihnen das zu erläutern, begleiten Sie mich bitte mir kurz auf eine Zeitreise. Vor einigen Jahren, während meines Anthropologie-Studiums, kam während einer Semester-Arbeit zum Thema "Stammes-Verhalten" die Frage auf, ob das, was für Ur-Zeit-Stämme galt, auch in der Neuzeit noch Wirkung zeigen würde.

Das Verhalten eines Stammes in Gefahrensituationen z. B. sichert das Überleben des Stammes. Wenn mehrere Mitglieder eines Stammes in die eine Richtung rennen, fällt es dem Einzelnen schwer, in die entgegengesetzte Richtung zu rennen. Es ist ein seit Urzeiten in uns einprogrammiertes Verhalten, dass wir uns in der überwiegenden Mehrheit so verhalten, wie es der Großteil unserer Mitmenschen macht.

Aber gilt das heute, in unserer aufgeklärten Gesellschaft, denn auch noch? Diese Frage wollten wir klären.

Wir stellten uns in die Fußgängerzone der Universitätsstadt Mainz. 15 Studenten wollten eine Antwort auf die Frage, in wieweit dieses Stammes-Verhalten aus der Urzeit des Menschen heute noch Gültigkeit hat.

Am Anfang stellte ich mich alleine in die Mitte der Fußgängerzone und schaute einfach nur nach oben, sonst machte ich nichts. Von den vorübergehenden Passanten schauten dann ebenfalls ca. fünf bis zehn Prozent nach oben. Das war Experiment Nummer eins.

Dann stellten sich fünf Studenten in die Fußgängerzone und schauten nach oben. Das animierte schon gut 40 bis 50 Prozent der Vorübergehenden, ebenfalls nach oben zu schauen. Auch Experiment Nummer zwei entsprach unseren Erwartungen.

Und dann: der krönende Abschluss. 14 Studenten stellten sich mitten in die Fußgänger-zone und schauten nach oben. Das Resultat: fast 100 Prozent der Vorübergehenden, die sahen, dass dort eine Gruppe von vielen Menschen nach oben schaute, blickten ebenfalls nach oben. Auch Experiment Nummer drei war ein voller Erfolg und bestätigte unserer Erwartung.

Für meine Semester-Arbeit damals war der Beweis erbracht. "Stammes-Verhalten" – oder auf die heutige Zeit übertragen, das Verhalten einer Gruppe vieler Menschen – lässt eine andere Gruppe von Menschen ein ähnliches Verhalten zeigen. (Dieses Experiment wurde schon 1969 von Prof. Milgram in den USA durchgeführt. Die Ergebnisse waren vergleichbar.)

Robert B. Cialdini, Professor für Psychologie an der Staatsuniversität von Tempe/Arizona, USA, nannte das in seinem 1987 erschienen Buch "Influence" den "Social Proof", den "Sozialen Beweis" – wenn viele Menschen etwas tun, dann muss das richtig sein, so die unbewusste Schlussfolgerung. Das wir auf einer bewussten Ebene einer ganz anderen Meinung sein können, steht auf einem anderen Blatt. Hier geht es um tiefliegende unbewusste Prozesse, die weit über 99 Prozent unseres Handelns bestimmen.

Und diese unbewussten Prozesse Ihrer Kunden können Sie beeinflussen. Natürlich immer unter der Maßgabe, dass Sie sich ethisch korrekt verhalten und nur das Beste Ihrer Kunden wollen, nämlich Ihnen helfen, ein Problem zu lösen.

Welche Möglichkeiten haben Sie nun, diesen oben gezeigten, evolutionär verankerten Instinkt für Ihr Geschäft zu nutzen? Nutzen Sie die Macht dieses Instinktes, indem Sie viele Menschen etwas Gutes über Ihre Arbeit und/oder Ihre Produkte sagen lassen. In welcher Form, möchte ich Ihnen nun gerne zeigen.

Welche Art und Ausprägung?

Kundenzitat – spontan

Das ist die einfachste Variante des Referenzen-Marketing®. Nehmen wir an, Sie bieten eine Dienstleistung an. Fragen Sie nach einem erfolgreichen Auftrag Ihren Kunden, ob er Ihnen ein paar Zeilen schreiben kann, wie er Ihre Dienstleistung beurteilt. Und wenn Sie Hersteller eines Produktes sind, dann rufen Sie ein paar Tage oder Wochen (je nachdem, wie lange Ihr Kunde benötigt, um sich von der Güte Ihres Produktes ein Bild zu machen) nach dem Kauf an und fragen Sie den Kunden nach seiner Erfahrung.

In beiden Fällen können Sie Ihren Kunden auch anbieten, dass Sie nach einem Telefonat oder persönlichen Gespräch das Ganze zusammen fassen und ihm zur Prüfung und Freigabe zusenden. Beachten Sie aber: wenn Ihr Kunde selbst etwas formuliert und Ihnen zuschickt, bindet ihn das stärker an Ihre Dienstleistung oder Ihr Produkt, als wenn Sie etwas schreiben. Deshalb schlage ich meist vor, dass der Kunde in einem ersten Schritt gebeten wird, aktiv selbst etwas zu schreiben. Wenn er das nach ein paar Wochen noch nicht gemacht hat, dann hake ich (höflich, ohne Druck zu erzeugen) nach und biete an, seine Aussagen aufzuschreiben und ihm zuzusenden.

Kundenzitat – zielgerichtet

Das ist die strategisch orientierte Ausprägung des Referenzen-Marketing®. Hierzu ist Voraussetzung, dass Sie sich im Vorfeld – meist in Form eines Workshops – Gedanken über die Marketing-Strategie Ihres Unternehmens oder Ihres Produktes machen. Basierend auf dieser Marketing-Strategie erarbeitet man die entsprechenden Fragen, die Ihre Kunden dann gestellt bekommen. Die Fragen werden so formuliert, dass die Aussagen der Kunden schon in die Richtung der Marketing-Ziele gelenkt werden. So können Sie ganz gezielt Kern-Elemente Ihrer Marketing-Strategie durch die Aussagen Ihrer Kunden untermauern lassen.

Referenz-Projekt, "Success Story", Fallgeschichte

Kommen wir zur hohen Schule des Referenzen-Marketing®. Große Unternehmen wie z. B. SAP, ein bekannter Software-Anbieter, oder auch Microsoft, gehen meist so vor: In einem Referenz-Projekt werden meist zu Anfang der Neu-Einführung eines Produktes oder einer Dienstleistung ausgewählte Test-Kunden mit dem neuen Produkt oder der neuen Dienstleistung vertraut gemacht. Meist bekommen diese Kunden auch einen Preisnachlass für ihre Mitarbeit als "Versuchskaninchen" als Anreiz und Motivation.

Die Einbindung des Kunden in einem Referenz-Projekt ist meist sehr hoch, hier muss schon eine sehr tragfähige Kundenbeziehung bestehen. Mit einem Neukunden sollte man ein solches Projekt auf keinen Fall angehen. Wichtig ist jedoch, dass der Prozess des Projektes über einen langen Zeitraum begleitet wird. Parallel zu einzelnen Projekt-Schritten werden z. B. Presse-Mitteilungen über den Fortschritt des Projektes lanciert, möglichst immer mit "O-Ton" des Kunden versehen. Hier kann nun auch das volle Register der Möglichkeiten (siehe weiter unten bei "Welches Medium …?" und "Welche Gelegenheit …?") gezogen werden.

So genannte "Success Stories" oder Fallgeschichten werden dann später, wenn das Produkt schon im Markt eingeführt ist, bei ausgewählten Kunden produziert. Der Aufwand und die Ausprägung sind ähnlich dem Referenz-Projekt, meist kann man diese Trennlinie auch gar nicht so exakt ziehen, weshalb ich sie auch meist in einem Atemzug der Art und Ausprägung nenne.

Welches Medium ist für Referenzen-Marketing® geeignet?

Referenzen-Marketing® kann in den unterschiedlichsten Medien und Werbeträgern eingesetzt werden. Im nachfolgenden zeige ich Ihnen die wichtigsten und erläutere es anhand anschaulicher Beispiele.

Text – Das einfachste und trotzdem sehr wirkungsvolle Medium

Jeder kann mit einem Textverarbeitungsprogramm wie z. B. Microsoft Word umgehen und einen Text erstellen. Diese Texte können dann wieder in anderen Werbeträgern und PR-Maßnahmen, wie z. B. in Broschüren, Werbebriefen, Internet oder Pressemitteilungen eingesetzt werden.

Audio – Immer stärker im Kommen

Vor allem durch die starke Verbreitung der so genannten "Podcasts", wird auch Referenzen-Marketing® durch das Medium Audio immer präsenter. In der Radio-Werbung wird dieses Mittel schon verstärkt eingesetzt.

Video/Fernsehen – Sehen als Beweis der Wahrheit

Wer wie ich nachts noch lange auf ist, ertappt sich beim Zappen durch die Kanäle manchmal morgens, so gegen zwei oder drei Uhr morgens, dabei, wie er auf einmal an einer der 30-minütigen Werbesendungen "hängen bleibt". Sei es Werbung für Produkte zum Abnehmen oder für einen Home-Trainer oder Pflegeprodukte. Der Aufbau und die Struktur ist immer identisch:

1. Problemschilderung
2. Lösung: DAS PRODUKT
3. Nutzen des Produktes
4. Erklärung (meist Wissenschaftler und Studien)
5. Referenzen, Referenzen, Referenzen. Begeisterte Anwender des Produktes, die in den tollsten Farben schildern, wie ihr Leben durch das Produkt verbessert wurde.

Der Punkt 5 ist der wichtigste. Es wurden in den USA, dem Mutterland dieser 30-minütigen Werbesendungen ("Commercials" genannt) Untersuchungen gemacht zur Wirksamkeit der einzelnen o. g. Punkte. Das Überraschende: auch wenn man bewusst davon ausgegangen ist, dass die Erklärung der Wirkweise des Produktes das Wichtigste ist (Punkt 4.: hier wird der rationale Verstand angesprochen), so führte doch ein Weglassen dieses Punktes zu einem nur zwölfprozentigen Bestellrückgang. Ließ man hingegen die Referenzen weg (Punkt 5.), dann brachen die Bestellungen um über 30 Prozent(!) ein. Allein daraus lässt sich schließen, wie wichtig der Einsatz von Referenzen ist, da hiermit das Gefühl angesprochen wird und wir den "Herdentrieb", den uralten in jedem Menschen vorhandenen Instinkt, nutzen.

Live – Die Macht des „lebenden Beispiels"

Bei Vorträgen uns Seminaren lade ich meist auch Besucher aus vorherigen Veranstaltungen wieder mit ein. Diese bereite ich kurz vorher vor und spreche mit ihnen ab, ob es OK ist, wenn ich sie kurz aufrufe, damit sie etwas von dem Seminar erzählen, an dem sie teilgenommen haben. Ich kann mich dann ganz beruhigt auf der Bühne zurück lehnen, während dieser Teilnehmer dann Werbung für mich macht ;-)

Welche Gelegenheit und Umgebung ist die richtige für Referenzen-Marketing®?

Internet – Der weltweite Zugriff auf Ihre Referenzen

Heutzutage nicht mehr aus dem Werbe-, Marketing- und PR-Alltag wegzudenken. Das Internet hat unsere Art der Wahrnehmung komplett verändert. Teilweise funktionieren herkömmliche Arten der Werbung nicht mehr – aber wenn Sie sich auf die o. g. Ur-Instinkte einstellen, erreichen Sie Ihre Interessenten hier so zielgerichtet und überprüfbar wie in fast keinem anderen Medium.

Werbebrief – Nutzen Sie eines der stärksten Mittel
der Umsatzsteigerung

Auf Referenzen-Marketing® basierende Texte können Sie hervorragend in Werbebriefen einsetzen. Aber bitte tun Sie sich selbst den Gefallen und schreiben Sie (oder lassen Sie schreiben) keine ein oder zwei Seiten lange Briefe. Diese funktionieren nur sehr bedingt und haben sehr schlechte Rücklaufquoten. Die Form des mindestens acht oder besser noch zwölf oder 16 Seiten(!) langen Briefes hat bewiesenermaßen die besten Rücklauf-quoten Und warum? Weil Sie hier auf mindestens drei bis vier Seiten Referenzen-Marketing® machen können. Hier können Sie Testimonials (Kundenaussagen) von begeisterten Kunden einbauen. Auf den Seiten des Profitexter-Netzwerks (www.profitexter.net) finden Sie Spezialisten in diesem Gebiet, die Ihnen einen FUNK-TIONIERENDEN verkaufsstarken(!) Werbebrief schreiben können, aufgrund dessen Ihnen die Kunden "die Bude einrennen" werden, wenn ich das mal so umgangssprachlich schreiben darf.

Broschüre – Stellen Sie sich und Ihre Referenzen in Hochglanz dar

Nicht so wirkungsvoll und verkaufsstark wie der Werbebrief, wird die Broschüre nichts-destotrotz von vielen Werbeagenturen als die "Geheimwaffe" im Arsenal eingesetzt. Peppen Sie die Wirkung von Broschüren auf, in dem Sie im Text der Broschüre Referen-zen einflechten oder aber (wirkungsvoller) lassen Sie Extrablätter im Design der Broschü-re entwerfen, die Sie selbst kostengünstig am Farbdrucker erstellen und ergänzen können. Dann können Sie einem Kunden passende Referenzen in die Broschüre einlegen (mehr dazu unten bei "Angebote").

Telefon-Marketing – Hörbarer Kontakt von Mensch
zu Mensch

Wenn Sie gute Daten über Postleitzahlengebiete besitzen, können Sie auch Referenzen-Marketing® über Call-Center einsetzen. Lassen Sie den Agent gezielt Aussagen von Kunden aus dem gleichen PLZ-Gebiet verwenden. (Beispiel: "Herr Müller, gleich neben-an, in der Meierstraße hat jemand auch dieses Produkt gekauft. Er sagt: "…" und ist völlig begeistert davon.") Testen Sie es aus. Sie werden vom positiven Ergebnis über-rascht sein.

Angebote – Überzeugen Sie mit Beweisen Ihrer Leistungsfähigkeit

Ein Teilnehmer eines meiner Seminare erzählte mir, dass er – nach dem Besuch eines Vortrages von mir zum Thema Referenzen-Marketing® – die Idee aufschnappte, immer passende Referenzen seinen Angeboten beizulegen. Er hat – mit einfachsten Mitteln – selbst Referenzen erstellen lassen, diese mit seinen Kunden abgestimmt und hat ca. 150 Referenzen zu den unterschiedlichsten Problemen, die er gelöst hat, zur Hand. Wenn er ein Angebot abschickt, legt er diesem Angebot vier bis fünf dieser passenden Referenzen bei, in denen er zeigt, dass er genau dieses oder ein ähnliches Problem schon mehrfach erfolgreich gelöst hat. Nach seinen Aussagen stieg seine Konversionsrate (das Verhältnis von Angebot zu erteiltem Auftrag) um satte 30 Prozent!

Pressemitteilungen – Spicken Sie Sachliche Texte mit würzigem "O-Ton"

Eine klassische Pressemitteilung wird vom Redakteur einer Zeitung sofort ausgefiltert, wenn sie zu werblich klingt. Das einzige Stilmittel, das werblich klingen darf, ist der so genannte "O-Ton": Zitate von Augenzeugen, Teilnehmern, Menschen, die "dabei" (wo auch immer) gewesen sind. Hier können Sie in einer Pressemitteilung einen Kunden zu Wort kommen lassen, der sich positiv über Ihr Produkt oder Ihre Dienstleistung auslässt.

Besprechungsräume – Machen Sie Wände zu Verkäufern

Ein Vortragsteilnehmer erzählte mir die Geschichte, dass er einmal zu einer Besprechung in ein Call-Center kam. Er wollte dieses Call-Center zwecks Auftragserteilung kennen lernen und hatte sich bis dahin schon mehrere Call-Center angeschaut. Der Geschäftsführer empfing ihn und – da er zu früh eingetroffen war – bat dieser ihn, noch kurz bei einem Kaffee in seinem Büro zu warten, er sei noch in einer Besprechung und sei gleich bei ihm.

Mein Vortragsteilnehmer saß dann im Büro des Geschäftsführers, und trank seinen Kaffee. Da fiel im die Tapete hinter dem Schreibtisch auf. Er dachte sich "Hm, eine interessante Patchwork-Tapete." und ging hinüber, um sich das Muster genauer anzusehen. Was da von weitem wie eine Patchwork-Tapete aussah, war hingegen eine Wand, die über und über mit Dankesschreiben von Kunden gepflastert war. Postkarten, Briefe, einfache Zettel, sogar ein Bierdeckel waren darunter. Die ganze Wand war voll damit.

Nun raten Sie mal, welches Call-Center den Zuschlag erhalten hat?!

Tag der offenen Tür – Nutzen Sie die Wirkung Ihrer Kunden als Verkäufer

Eine fast unbekannte und daher auch unterschätzte Variante des Referenzen-Marketing®. Ich riet einem Kunden, der seine Umsätze hauptsächlich in B2B-Bereich erzielt ("B2B" = "Business to Business", also fast nur Firmen als Kunden und keine Privatpersonen) mal zu einem Tag der offenen Tür, um seine Firma bekannter zu machen. Er wies meinen Vorschlag überraschend harsch zurück und sagte mir: "Haben wir schon gemacht, hat überhaupt nicht gebracht außer viel Arbeit. Nach dem Tag waren ich und meine gesamte Vertriebsmannschaft komplett am Ende. Schlimmer als auf einer Messe." Ich stellte ihm die magische Frage: "Wie hoch war der Anteil an Bestandskunden im Verhältnis zu Neukunden/Interessenten?" Er antwortete: "Wieso Bestandskunden? Was sollen die auf einem Tag der offenen Tür, wo ich meine Firma vorstelle? Die kennen uns doch schon!" Da war er, der Kardinal-Fehler, den viele meiner Kunden bei diesen Veranstaltungen begehen. Sie unterschätzen die Macht des "Live-Referenzen-Marketing®". Ich sagte ihm, dass genau das sein Fehler war: er hatte keinen seiner begeisterten Bestandskunden eingeladen. Und dann erklärte ich ihm, was er anders machen sollte ...

Ich entwarf mit ihm eine Strategie für einen Tag der offenen Tür, zu dem ich ihn nur überreden konnte, indem ich ihm sagte, dass ich für den dafür notwendigen Strategie-Tagesworkshop mein Honorar solange nicht berechne, bis er mir sagt, dass der Tag der offenen Tür ein Erfolg war. Sollte er jedoch ein Erfolg werden, dann müsse er mir das Doppelte bezahlen. Das Ergebnis: ich erhielt mein doppeltes Honorar. Was hat er geändert? Ich habe ihm geraten, mindestens ein Drittel, besser noch die Hälfte der Einladungen an seine Bestandskunden zu schicken. Und diese Bestandskunden haben dann in den diversen Gesprächen, die so am Rande eines Tages der offenen Tür zwangsläufig zwischen Geschäftsleuten entstehen, die Neukunden und Interessenten von der Leistungskraft der Firma meines Kunden überzeugt. Mein Kunde zahlte mir das doppelte Honorar vor allem deswegen so gerne, weil ich ihm noch einen Tipp mit auf dem Weg gab: Immer, wenn ein Interessent auf ihn zu kam und eine Frage stellte, sollte er – wenn das inhaltlich möglich war – diesen mit einem seiner Bestandskunden bekannt machen und diesen bitten, dem Interessenten das zu erklären (seine Bestandskunden wurden natürlich vorher in einem persönlichen Einladungs-Telefonat durch meinen Kunden darauf hingewiesen, dass so etwas vorkommen könnte und das Einverständnis dieser Kunden wurde so eruiert.) Im Verhältnis zum Fiasko seines ersten Tages der offenen Tür, war mein Kunde am Ende des Tages richtig entspannt, denn er hatte auch sehr viele Aufträge und Anfragen an diesem Tag erhalten. So kann es gehen ...

Dieses Prinzipt gilt darüber hinaus auch für Messen und andere Veranstaltungen mit „Live-Kundenkontakt" ... Was man bei Messen darüber hinaus noch machen kann, zeige ich Ihnen im nächsten Abschnitt.

Video-E-Mail – Neueste Technologie mit hoher Überzeugungskraft

Neue Technologien haben im Marketing einen großen Vorteil: wenn sie noch nicht häufig eingesetzt werden, besitzen sie einen hohen Aufmerksamkeitsgrad. Video-E-Mail ist eine solche Technologie. Sie ist in Deutschland noch relativ unbekannt und kann genau deshalb so gut wirken. Es gibt mittlerweile Anbieter, bei denen Sie mit geringer Investition (eigentlich nur eine Webcam und ein Mikro) ganz schnell und einfach Video-Mails erzeugen können. Diese können Sie dann mit aufgenommen Videos von ihren

Kunden (siehe oben) ergänzen und an Interessenten versenden. Sie können sich einer hohen Aufmerksamkeit für Ihre Marketing-Botschaft sicher sein.

Nutzen Sie darüber hinaus Videos auch auf Messen. Stellen Sie sich den Ablauf wie folgt vor. Erst werden einige Ihrer besten Kunden angerufen und gefragt, ob sie bereit wären, ein Zitat zu Ihren Produkten oder Dienstleistungen abzugeben. Die meisten sind dazu bereit, diese werden dann zu der jährlich statt findenden Messe eingeladen und von einem Kameramann aufgenommen. Abgesehen davon, dass es für diese Kunden ein Ereignis sein wird, sich von einem professionellen Kamerateam mit Maske, Kamera, Tonträger und Beleuchter umgeben zu lassen, wird es auch ein Heidenspaß und es kommt eine ganze Menge Filmmaterial zusammen.

Diese Filmaufnahmen werden dann zusammen gestellt und können verschieden eingesetzt werden:

1. Produzieren Sie kleine Filme für das Internet, wo Sie diese auf den entsprechenden Produktseiten einblenden und so Ihre Kunden etwas zu genau diesem Produkt sagen lassen
2. Lassen Sie eine professionelle DVD quasi als „digitale Image-Broschüre" erstellen. Diese können Sie verschicken oder dann auch auf einer Messe auf einem Bildschirm oder verschiedenen Monitoren ablaufen lassen
3. Packen Sie die Filme in eine Video-E-Mail (siehe oben) und versenden Sie diese als Newsletter an Ihre Kunden.

Vorträge und Seminare – Life is live

Laden Sie Kunden und bisherige Teilnehmer ein und fragen Sie diese von der Bühne aus, wie es ihnen beim Vortrag oder Seminar gefallen hat und was sie an Positivem mitnehmen konnten. Damit setzen Sie bei Ihrem Publikum positive Anker und bereiten diese auf Ihren Vortrag sowie Ihr Seminar vor.

(In diesem Zusammenhang sei eine weitere Forschung des oben erwähnten Prof. Cialdini erwähnt, der bewiesen hat, dass die positive Bewertung eines Referenten sehr stark davon abhängt, ob dieser von einer anderen Person vorgestellt wurde oder ob er sich selbst vorgestellt hat. Wenn er von einer anderen Person vorgestellt wurde, war die Bewertung signifikant besser.)

In diesem Artikel wollte ich Ihnen einen kurzen Überblick über die Möglichkeiten und Mittel des Referenzen-Marketing® an die Hand geben. Für weitere Rückfragen stehe ich Ihnen gerne unter uhi@hiltmann.net zur Verfügung oder besuchen Sie die Website www.referenzen-marketing.de für weitere Informationen. Meine Vortragstermine zu diesem Thema finden Sie unter http://blog.hiltmann.net.

Ich wünsche Ihnen zukünftig viel Erfolg bei Ihrem eigenen Referenzen-Marketing®. Wenn Sie Fragen haben: haben Sie Interesse an einer kostenlosen Erst-Beratung? Ich kann Ihnen gerne zeigen, wie Sie mit Referenzen-Marketing® den Umsatz Ihres Unternehmens steigern können … rufen Sie mich einfach an: 0160-98946921.

Professionell Entscheidungen treffen

Von Kai-Jürgen Lietz

So entkommen Entscheider den selbst gestellten Fallen

Franz Weber* (Name geändert) wundert sich. Er ist Produktmanager und steht im Benchmarking des Unternehmens immer hinter seinem Kollegen Albert Meyer*. Dessen Produktlinie ist bereits veraltet und sollte sich im letzten Viertel des Produktlebenszyklus befinden.

Als Weber die Verantwortung für die neue Produktlinie übernahm, wusste er, dass eine gute Zeit vor ihm liegen würde. Denn deren zahllosen Innovationen sind sowohl für Kunden als auch für die Presse hoch interessant.

Aber es kommt alles ganz anders. Offensichtlich hat sein Kollege einen Dreh gefunden, aus dem wenigen das Beste zu machen. Weber selbst ist sich keiner Entscheidungs-Fehler bewusst.

Aber es ist ganz klar, dass Meyer bei neuen Aufgaben zukünftig bevorzugt werden wird. Wie macht er das nur?

Der Fall des Produktmanagers ist typisch. In seinen Entscheidungen kann er keine Fehler finden, weil die meisten Fehlentscheidungen unsichtbar bleiben. Nur in den wenigen Fällen, in denen wir ganz offensichtlich aus einer Anzahl unterschiedlicher Handlungsalternativen eine besonders schlechte gewählt haben, werden wir aufmerksam. Diese Fälle sind allerdings selten und stellen noch nicht einmal die Spitze des Eisbergs dar.

Woran liegt das?

Wir sind zwar von Natur aus dazu angelegt, Entscheidungen zu treffen, aber diese müssen lediglich unser Überleben sichern und nicht unbedingt optimal sein.

Manager dagegen sollen mit Ihren Entscheidungen die Ressourcen ihres Unternehmens so optimal einsetzen, dass sie mittel- bis langfristig einen maximalen Nutzen erzielen.

Leider mangelt es an einer formalen Schulung für gute Entscheidungen. Wir wenden das an, was wir in der Kindheit, in der Schulzeit, in der Universität oder von Kollegen gelernt haben. Entscheidungen sind so selbstverständlich, dass wir uns darüber, wie sie getroffen werden kaum Gedanken machen.

Unglücklicherweise erfüllt das meiste, was wir so erlernt haben nicht die Anforderungen an die Entscheidungskompetenz im modernen Management. Wenn wir dann Entscheidungsfehler begehen, können wir nichts Falsches darin erkennen. Wir machen schließlich nichts anderes als wir ursprünglich einmal gelernt haben. Wir sitzen quasi in der Entscheidungs-Falle, weil unser eigenes Wissen uns daran hindert, wieder heraus zu finden.
Die Vorteil-Nachteil-Falle

Das augenfälligste Beispiel dafür stammt für mich aus der Schulzeit. Da lernten wir, dass wichtige Entscheidungen am besten dadurch vorbereitet werden, indem wir die Vor- und Nachteile der verschiedenen Wahlmöglichkeiten/Alternativen einander gegenüber stellen.

Die Alternative mit den meisten Vorteilen im Verhältnis zu den Nachteilen muss dann die Richtige sein.

Klingt vernünftig, ist es aber nicht. Denn der Entscheider verzichtet dabei auf wesentliche Elemente, die einen guten Entscheidungsprozess ausmachen. Er fokussiert sich so auf die Alternativen, dass er meist nur eine sehr nebulöse Vorstellung von seinen Zielen hat. Die Vor- und Nachteile, die er aus den Merkmalen der verschiedenen Alternativen gewinnt, erklärt er unbewusst zu Entscheidungskriterien.

Da Entscheidungskriterien unseren Bedarf in einer Entscheidungssituation wieder geben, macht der Entscheider seinen Bedarf so vom Angebot abhängig und kann dann auch keine Angebotslücken ausfindig machen.

Um dem Ganzen die Krone aufzusetzen, verzichtet diese Schulmethode darauf, neue Alternativen zu schaffen, denn das ist nicht in der Aufgabenbeschreibung enthalten. Hier gehen dann die guten Chancen verloren. Denn diese müssen wir uns in der Regel selbst erst noch schaffen.

Die Top-Management-Variante der Vorteil-Nachteil-Falle heißt SWOT-Methode. Immer wieder verwenden Manager diese Methode, die sich bestens zur Situationsanalyse eignet, um damit die Vor- und Nachteile verfügbarer Handlungs-Alternativen zu analysieren. Da die SWOT-Methode allgemein einen guten Ruf genießt, stellt keiner in Frage, ob Sie im Entscheidungsumfeld nicht vielleicht falsch eingesetzt ist.

Nicht alle Fallen sind allerdings so offensichtlich, wie die Vorteil-Nachteil-Falle.

Die Angebotsfalle

Zum Beispiel die Angebotsfalle. Wir lassen uns unbewusst von Anbietern oder Vorbildern diktieren, wie unser Bedarf auszusehen hat, und orientieren uns so nur an den vorhandenen Alternativen – statt selbst klar zu formulieren, was wir wollen. Genau diese Situation erleben wir immer wieder, wenn ein neuer Trend als Sau durchs Managementdorf getrieben wird. Viele Führungskräfte springen dann auf den fahrenden Zug auf, ohne vorher zu klären, was der eigene Bedarf ist. Letztlich leidet darunter die Glaubwürdigkeit der Manager.

Allerdings liegt die Angebotsfalle im Trend. Manager sollen nicht immer nur mit dem Problem beschäftigen, sondern lösungsorientiert denken. Die Folge: Wenn ein neues Problem auftaucht, dann schaut man sich zunächst an, wie das Problem an anderer Stelle, z.B. beim Wettbewerber gelöst wird, bzw. was sich ad hoc im Internet oder in Anbieterprospekten als Lösung anbietet.

Dabei lernt der Entscheider auch gleich, auf welche Merkmale es ankommt und sucht dann die Lösung, die am meisten davon erfüllen kann.

Wie bei der Vorteil-Nachteil-Falle mutieren auf diese Weise die Merkmale des Angebots zu Entscheidungskriterien.

Produktmanager Weber hatte sich z.B. für die Pressearbeit von der PR-Agentur einige Beispiele für vergangene Kampagnen zeigen lassen und auf dieser Basis ein neues Konzept zusammen setzen lassen. Sein Kollege Meyer dagegen, formulierte sehr klare Ziele und teilte seinen Ansprechpartnern auch gleich die Entscheidungskriterien mit, nach denen er die Kampagnenvorschläge bewerten würde. Das Ergebnis war ein auf seine Bedürfnisse zugeschnittenes Programm, das so funktionierte, wie er sich das wünschte.

Aber wir verspielen unsere Chancen nicht nur dabei, dass wir sinnlos Vor- und Nachteile einander gegenüber stellen oder uns vom Angebot zu sehr inspirieren lassen. Es geht auch noch einfacher.

Die Wahllosfalle

Stellen Sie sich vor, Sie bekommen einen Anruf. Eine sympathische Stimme bietet Ihnen eine Anzeige in einer bekannten österreichischen Wirtschaftszeitung für den Bruchteil des normalen Preises an.

Nachdem Sie aufgelegt haben, denken Sie sich: „Das ist schon ein ganz guter Preis. Soll ich es machen oder nicht?" Und schon sitzen Sie in der Wahllosfalle!

Der Anzeigenverkäufer hat mit der Art seiner Fragestellung für Sie das echte Entscheidungsproblem vernebelt. In Wirklichkeit geht es ja nicht darum, ob Sie diese spezielle Anzeige schalten, oder nicht. Das dahinter liegende Entscheidungsproblem ist vielmehr, wie Sie ihr Marketing-Budget am sinnvollsten einsetzen, um ein Maximum an Kunden zu erreichen.

Mit dieser anderen Sichtweise haben Sie eine viel größere Anzahl an Alternativen und somit auch mehr Chancen. Die angebotene Variante ist eine dieser Alternativen, aber sie ist vielleicht nicht die Beste.

Kennzeichen dieser Falle ist die Abwesenheit von Alternativen neben dem „Ich mache es" oder „ich mache es nicht". Sie haben keine echte Wahl, daher nenne ich es die „Wahllosfalle". Für eine gute Entscheidung müssen wir zumindest drei realistische Alternativen haben.

Diese Entscheidungsfalle wird allerdings nicht nur von außen an uns herangetragen. Häufig befinden wir uns vor einer Spontanentscheidung. Sollen wir dem Dienstleister einen Folgeauftrag geben oder noch warten? Sollen wir dem neuen Preis zustimmen oder einen Widerspruch formulieren? Sollen wir dem unfähigen Mitarbeiter gleich die Kündigung geben?

Es gibt zahllose dieser Entscheidungen, die wir oft schnell und stimmungsgetrieben treffen.

So geht es vielen. Ein Problem taucht auf, eine schnelle Lösung muss her. Den wenigsten ist klar, dass Sie dabei eine Entscheidung treffen. Denn in der Kürze der Zeit entwickelt niemand mehr als eine Alternative und so gibt es nach Ansicht der gestressten Manager gar keine Entscheidung, schließlich haben sie keine Wahl.

Es kann sein, dass die Lösungen, für die ich mich dann entscheide gut sind. Leider weiß ich das als Entscheider nicht, da ich das nur im Vergleich zu anderen Alternativen beurteilen kann.

Die Enigma-Falle

Auch die in vielen Firmen übliche Geheimniskrämerei führt viele Entscheider ins Abseits. Gute Entscheidungen zeichnen sich dadurch aus, dass sie den Lösungsbedarf eines Unternehmens optimal erfüllen.

Oft muss der geeignete Partner erst noch gefunden werden. Daher veranstalten wir eine Ausschreibung für unser Projekt. So bekommen wir einen Marktüberblick und als Nebeneffekt ermitteln wir den günstigsten Preis.

Doch für die teilnehmenden Unternehmen sind Ausschreibungen oft ein stochern im Dunkeln. Die Ausschreibungsunterlagen enthalten meistens nur die technischen und administrativen Anforderungen. Aber die wirklich wichtigen Kriterien, nach denen später über den Ausschreibungsgewinner entschieden wird, halten die Entscheider gerne geheim.

Im Ergebnis erfüllen die Angebote dann nur zufällig die geheimen Kriterien und es bleibt unklar, ob nicht einer der anderen Ausschreibungsteilnehmer bei Kenntnis der Sachlage diese Kriterien besser erfüllt hätte.

Gleiches gilt natürlich, wenn der Entscheider im Rahmen einer Delegation seinen Mitarbeitern nicht offen legt, wie er seine Entscheidungen treffen wird.

Wege aus der Entscheidungsfalle

In dieser Art gibt es eine ganze Reihe von Entscheidungsfallen, die wir uns selbst stellen können. Eines haben sie aber alle gemeinsam. Sie sorgen dafür, dass unsere Entscheidungen am Bedarf des Unternehmens vorbei gehen. Dies bedeutet, dass wir zum einen Geld verschwenden und wir uns zum anderen in der Zukunft immer wieder mit den gleichen Problemen herumschlagen müssen

Was können wir in Zukunft besser machen?

Entscheidungen sind richtungsgetriebenes Handeln. Das heißt, bei jeder Entscheidung geht es um eine Richtung, eine Motivation und das Handeln. Wer erfolgreich entscheiden will, muss daher drei Fragen zufriedenstellend klären.

1. Wie sorge ich für Entscheidungsklarheit?

Was will ich in dieser Entscheidungssituation? Dabei spielt zum einen die langfristige Zielsetzung, die Vision für mein Unternehmen eine Rolle, aber auch die Situation, in der ich mich befinde. Ich muss also herausfinden, was genau mein Bedarf ist.

2. Wie schaffe ich attraktive Entscheidungsalternativen?

Eine Entscheidung kann nur so gut sein, wie die beste der verfügbaren Alternativen. Ob eine Alternative attraktiv ist oder nicht, kann ich nur anhand meines Bedarfs beurteilen. Daher brauche ich Entscheidungsklarheit, bevor ich mich an die Schöpfung neuer Alternativen mache. Dafür ist Kreativität gefragt. Viele Entscheider weisen das gerne von sich, schließlich sind die Kreativen oft „die Spinnerten" aus der Marketingabteilung. Dennoch führt kein Weg daran vorbei. Denn der Bedarf eines Unternehmens ist genauso individuell wie sein Marktauftritt. Wer sich beständig nur mit standardisierten ad hoc Alternativen beschäftigt, verspielt ohne Not die besten Chancen.

3. Wie sichere ich mir dir größtmögliche Unterstützung bei der Umsetzung meiner Entscheidung?

Ein Punkt, der häufig unterschätzt wird. Denn die Unterstützung lässt sich nur sichern, solange noch keine vollendeten Tatsachen geschaffen wurden, also vor einer Entscheidung. Ich muss bereits vor meiner Entscheidung herausfinden, wer genau davon betroffen ist. Das Ziel der Entscheidung spielt dabei selten eine Rolle, sondern immer der jeweilige Umsetzungsplan.

So macht das Ziel einer Produktivitätserhöhung selten jemanden betroffen. Wenn aber im Umsetzungsplan Abteilungen umstrukturiert werden und Arbeitsgruppen auseinander gerissen werden, sieht das anders aus.

Wer dieser drei Fragenkomplexe in seinen Entscheidungen zufriedenstellend klären kann, wird mit hoher Wahrscheinlichkeit gute Entscheidungen treffen und den meisten Entscheidungsfallen ein Schnippchen schlagen.

So wie Albert Meyer, der selbst mit den schlechteren Ausgangsbedingungen einer veralteten Produktlinie seinem Kollegen zeigen konnte, was eine Harke ist. Vielleicht sind demnächst Sie es, bei dem sich die Kollegen fragen, wie er das nur anstellt?

Mentale Fitness

Von Graham P. Rogers

Das Berufsleben stellt immer höhere fachliche Ansprüche an uns. Daher haben wir uns meist nur fachlich fortgebildet, an Technologien, Methoden und Strukturen unseres Berufs und unseres Fachgebietes orientiert. Mentale Fitness geht darüber hinaus und unterstützt uns dabei, diese fachlichen Fähigkeiten noch besser zur Geltung zu bringen und noch besser im Berufsleben einsetzen zu können. Aber nicht nur im Beruf, auch im privaten Bereich ist Mentale Fitness förderlich. Was kann Ihnen Mentale Fitness für Ihre dauerhafte persönliche und berufliche Entwicklung mit folgenden Auswirkungen bieten?

Im persönlichen Umfeld:
- Innerhalb von Sekunden entspannen
- Schlafen wann und wo gewünscht
- Hemmungen und Ängste überwinden
- Das Selbstbewusstsein stärken
- Problemlos Gewicht verlieren
- Das Rauchen aufgeben
- Eine positive Ausstrahlung entwickeln

Im beruflichen Umfeld:
- Den Servicegedanken festigen
- Kreativität im Umgang mit Kunden fördern
- Das Betriebsklima verbessern
- Die Teamfähigkeit erhöhen
- Die Identifizierung mit den Unternehmenszielen erhöhen
- Die ganzheitliche Intelligenz fördern
- Dabei helfen, Veränderung als Chance zu begreifen
- Effizientes Arbeiten durch zielgerichtetes Denken ermöglichen
- Unternehmerisches Denken beim Mitarbeiter fördern

Folgende Themen möchte ich hier ansprechen:
Herausragende Beispiele für den Erfolg von Mentaler Fitness.
Können wir Mentale Fitness im Business und/oder privatem Umfeld umsetzen?

Herausragende Beispiele für den Erfolg von Mentaler Fitness

Beeinflusst Mitarbeiterzufriedenheit durch Mentale Fitness den Gewinn eines Unternehmens?

Die US-amerikanische Warenhauskette *Sears* stellte 1998 anhand empirischer Untersuchungen ein **Ursache-Wirkungs-Modell** auf, die so genannte „Employee-Customer-Profit Chain", die den positiven Zusammenhang zwischen **Mitarbeiterzufriedenheit, Kundenservice und Gewinn** aufzeigt:

Danach hat Mitarbeiterzufriedenheit einen direkten Einfluss auf den Umgang mit dem Kunden und die Kundenzufriedenheit hat einen **direkten Einfluss** auf den **Unternehmensgewinn**.

Laut dieser Studie bei *Sears* hat zum Beispiel eine Verbesserung der Mitarbeitereinstellung um fünf Prozent eine Verbesserung der **Kundenzufriedenheit** von 1,3 Prozent zur Folge, was wiederum einen **Gewinnzuwachs** von 0,5 Prozent nach sich zieht.

Die *Sears Employee-Customer-Profit Chain* wurde aufgrund einer Unternehmenskrise entwickelt. In 1992 verzeichnete *Sears* einen dramatischen Gewinnrückgang. Das Ergebnis der Bemühungen war herausragend: 1993 betrug der Shareholder Return rund 56 Prozent, die Nettoeinkünfte lagen bei **752 Millionen** Dollar und der Verkauf **steigerte** sich um **neun Prozent** gegenüber dem Vorjahr.

Beruht Erfolg zu einem großen Teil auf Beharrlichkeit und Ausdauer?

R.U. Darby, ein **Goldsucher**, dessen Mine keinen Ertrag zu bringen schien, gab auf und erfuhr später, dass er nur **einen Meter** von der **richtigen Stelle** entfernt gewesen war. Er nahm diese Erfahrung zum Anlass für eine große Karriere als Vertreter. Als er auch noch sah, wie sein Onkel, ein Farmer, nur durch die schier **unbesiegbare Willenskraft** eines kleinen schwarzen Mädchens in die Knie gezwungen wurde, erkannte er eines der großen Geheimnisse des Erfolges: Beharrlichkeit und Ausdauer.

Henry Ford ließ seine Ingenieure über ein Jahr an dem 8-Zylinder-Motor arbeiten, der damals ein Ding der Unmöglichkeit zu sein schien. Aber aufgrund der beharrlichen Bemühungen und der Ausdauer der Ingenieure kam schließlich der Erfolg, der einzig und allein auf einer guten Idee beruhte.

All diese Geschichten zeigen folgendes: Zuerst braucht man eine Idee, dann muss man beharrlich an der Umsetzung arbeiten und niemals aufgeben – Niederlagen können ebenfalls die Grundlage für Erfolg sein. Am Ende wird der Lohn der Mühen größer sein als erwartet.

Können wir Mentale Fitness im Business und/oder dem privaten Umfeld umsetzen?

Absolut! **Durch Autosuggestion, (lateinisch, kann mit „Selbstbeeinflussung" übersetzt werden), können Sie all ihre Ziele erreichen. Nützlich hierfür ist folgende Visualisierungs-Übung:**

Konzentrieren Sie sich und stellen Sie sich ihr Ziel genau vor und stellen Sie möglichst eine emotionale Bindung dazu her: fühlen Sie sich so, als hätten sie ihr Ziel bereits erreicht. Ihr Unterbewusstsein wird ihnen dabei helfen, diesen Traum wahr werden zu lassen.

Erarbeiten Sie jetzt einen genauen Plan, immer mit der praktischen Ausführung vor Augen, und lassen Sie sich dabei einfach von ihrer Intuition und ihren Gefühlen leiten.

Üben Sie diesen Vorgang immer wieder, auch wenn es mühsam ist und bewahren Sie dabei eine zuversichtliche und positive Geisteshaltung. Nach einiger Zeit werden Sie dazu fähig sein, ihrem Unterbewusstsein ganz bewusst Befehle zu erteilen, um so ihre Ziele zu erreichen.

Affirmationen kennen Sie wahrscheinlich, oder? Das sind ja diese motivierenden Sätze, mit denen man sich selbst etwas schmackhaft machen will. Normalerweise soll man Affirmationen in der Gegenwart formulieren, so als ob das, was ich mir wünsche, schon geschehen ist. Damit kommen aber viele nicht zurecht. Deswegen möchte ich Ihnen eine andere Art der Affirmation vorstellen, die auch sonst noch ein paar Vorteile hat.

Das System ist ganz einfach. Sie stellen sich nur ein paar Fragen und zwar:

Wäre es nicht schön, wenn ...?
Würde das mein Leben **einfacher** machen ...?
Würde mir das gut tun, wenn ich ...?
Würde das mein Leben **besser** machen ...?
Würde mich das **glücklicher** machen, wenn ich ...?
Würde mich das **zufriedener** machen, wenn ich ...?
Von all den **positiven Folgen**, wenn ich ... was wäre das Beste daran?

Dazu ein Beispiel: Nehmen wir einmal an, Sie wollen im Umgang mit Ihrem Chef **gelassener** reagieren. Dann fragen Sie sich:

Wäre es nicht schön, wenn ich bei meinem Chef **ruhig, entspannt und gelassen** wäre?
Würde das mein Leben **einfacher** machen, wenn ich bei meinem Chef locker wäre?
Würde mir **das gut tun**, wenn ich mich bei meinem Chef entspannen könnte?
Würde das **mein Leben besser** machen, wenn ich bei meinem Chef ganz gelassen sein könnte?
Würde mich das **glücklicher** machen, wenn ich bei meinem Chef ruhig, entspannt und gelassen wäre?
Würde mich das **zufriedener** machen, wenn ich bei meinem Chef lockerer sein könnte?
Von all den positiven Folgen, wenn ich bei meinem Chef ruhig, entspannt und gelassen wäre, was wäre **das Beste daran**?

Und das fragen Sie sich dann **immer mal wieder**, im Laufe des Tages, oder auch **konzentriert 10 Minuten lang**. Sie können sich natürlich auch selbst **Fragen** ausdenken, die dahin führen, dass es wirklich **eine gute Idee** ist, dass es so wird, wie Sie es sich **wünschen**.

Gibt es bei Ihnen ein Thema, mit dem Sie das probieren könnten?
Viel Spaß dabei und viel Erfolg!

Die sieben wichtigsten Marketingfehler, die in jedem Unternehmen gemacht werden

Von Christian Görtz

Jeden Tag werden immer wieder aufs Neue schwerwiegende Marketingfehler in vielen Unternehmen begangen. Diese kosten Umsatz und Gewinn. Die folgenden sieben Marketingfehler sind vielleicht die teuersten, die Sie als Unternehmer machen können.

Marketingfehler Nr. 1 – Es wird zu wenig getestet

Es ist erstaunlich, wie wenige Unternehmen jeden Aspekt ihres Marketings regelmäßig testen und vergleichen. Viele Marketingentscheidungen sind auf willkürliche und subjektive Annahmen aufgebaut. Aus diesem Grunde ist es immer wieder wichtig, verschiedene Marketingaspekte zu testen. Was können Sie alles testen? Sie können ein Verkaufsgespräch mit einem anderen vergleichen, einen Preis gegen einen anderen Preis testen, ein Anzeigenkonzept mit einem anderen Anzeigenkonzept vergleichen oder eine Schlagzeile gegen eine andere Schlagzeile testen. Die Möglichkeiten sind unbegrenzt. Der Punkt ist der: Wenn Sie die eine Vorgehensweise gegen die andere testen und sorgfältig analysieren, werden Sie überrascht sein, dass eine Vorgehensweise meist mehr hervorbringt als die andere. Sie werden überrascht sein, wie viel mehr Verkäufe oder Durchschnittsumsätze pro Verkauf Sie mit derselben Anstrengung erreichen können. Der Zweck des Testens ist es, aus jeder Marketingaktivität das Maximale herauszuholen.

Marketingfehler Nr. 2 – Es ist kein einzigartiges Verkaufsmerkmal erkennbar

Ihr einzigartiges Verkaufsmerkmal ist der entscheidende Vorteil, den Sie in allen ihren Marketing-, Werbung- und Verkaufsbemühungen voranstellen sollten. Es ist das Grundfundament Ihres Geschäftes. Die Formulierung Ihres einzigartigen Verkaufsvorteils hängt von Ihrer spezifischen Marktnische ab. Fragen Sie sich immer wieder: Wo bin ich und mein Unternehmen einzigartig? Wo sind unsere speziellen Stärken? Warum sollen die Kunden gerade bei uns kaufen? Was macht uns besonders? Und ganz wichtig: Habe ich es meinen Kunden und Interessenten schon mitgeteilt?

Marketingfehler Nr. 3 – Nicht das gesamte Geschäftspotenzial eines Kunden wird berücksichtigt

Viele Unternehmen berücksichtigen nicht alle Geschäftsmöglichkeiten ihrer Kunden. Aber gerade die zukünftigen Umsatzpotenziale bei jedem Kunden sind sehr wichtig, vielleicht sogar lebenswichtig. Wenn Sie nicht genau herausfinden können, wie viel Geschäft im Nachhinein machbar ist, werden Sie niemals erfahren, wie profitabel oder auch unprofitabel eine Anzeige, ein Verkaufsgespräch, ein Kunde oder eine Kampagne wirklich ist. Schauen Sie sich nach Produkten oder Serviceleistungen um, die Sie Ihren Kunden als sinnvolle Ergänzung zusätzlich anbieten können.

Marketingfehler Nr. 4 – Die Wünsche der Kunden und Interessenten werden nicht gezielt untersucht und angesprochen

Laut einer Untersuchung kennen 90 Prozent der Unternehmen nicht genau die Bedürfnisse, Wünsche und Anforderungen ihrer Kunden. Wie können Sie erwarten, die Bedürfnisse Ihrer Kunden optimal zu befriedigen, wenn Sie sich nicht die Zeit dazu nehmen, sie zu verstehen? Es scheint lächerlich zu sein. Aber nur wenige Unternehmen versuchen, die Bedürfnisse Ihrer Kunden wirklich wirkungsvoll zu befriedigen. Diejenigen Firmen, die es verstehen, die Bedürfnisse der Kunden zu erkennen und zu befriedigen, steigern die Möglichkeit mehr Geschäft zu machen erheblich. Wann werden Sie Ihre Kunden befragen und noch mehr zuhören?

Marketingfehler Nr. 5 – Für den Kunden ist es nicht einfach, mit dem Unternehmen ins Geschäft zu
kommen

Es überrascht mich sehr oft, dass sich viele Unternehmer nie in die Situation des Kunden versetzen. Warum machen es einige Unternehmen den Kunden oft so schwer, ins Geschäft zu kommen? Wenn ein Interessent in Ihrer Firma anruft und der Mitarbeiter am Telefon der erste Kontakt ist, stellen Sie sich die Frage: Kann dieser professionell Auskunft geben? Wenn Kunden in Ihr Geschäft kommen, wie kompetent sind ihre Verkaufsmitarbeiter? Wie viel Zeit haben Sie investiert, um die Verkaufsgespräche, Einwände, Fragen und Beratungen vorzubereiten? Verlassen Sie einmal Ihren Bürostuhl und gehen Sie in Ihrer Firma in den Schuhen des Kunden umher. Sie werden schnell einige Verbesserungsmöglichkeiten feststellen.

Marketingfehler Nr. 6 – Kein Marketingplan

Bei vielen Beratungen habe ich festgestellt, dass die meisten Unternehmer nicht genau wissen, in welche Richtung sie sich weiter entwickeln sollen. Sie wissen nicht genau, wieviel Umsatz sie in den kommenden 365 Tagen machen wollen. Meist fehlt ein schriftlich ausgearbeiteter Plan. Ihr Unternehmen kann wesentlich erfolgreicher sein, wenn Sie bereit sind, Ihre zukünftigen Marketingaktivitäten schriftlich zu fixieren. Dies ist eine Tatsache, die viele Unternehmer – leider zu ihrem Nachteil – nicht akzeptieren wollen. Ohne einen spezifischen, schriftlichen Marketingplan können Sie nicht erwarten, dass Ihr Geschäft einen außerordentlichen Erfolg haben wird.

Marketingfehler Nr. 7 – Kein Nachfass-Konzept

Bei vielen Betrieben habe ich beobachtet, dass sehr viel Aufwand betrieben wird, um neue Kontakte aufzubauen, aber dann im Anschluss zu wenig systematisch nachgefasst wird. Es gibt kein klares Nachfass-Konzept. Eine Untersuchung bei Verkäufern hat ergeben, dass 50 % nach dem ersten Kontakt, 65 % nach dem zweiten Kontakt, 79,8 % nach dem dritten Kontakt und 89,8 % nach dem vierten Kontakt aufgeben. Wir sehen, dass es durchaus Sinn macht, sich stärker über ein systematisiertes Nachfassen Gedanken zu machen. Wo können Sie mehr und gezielter nachfassen? Wie sieht es nicht nur mit den Interessenten, sondern auch mit ihren Erst- und Stammkunden aus? Wie oft sollten Sie nachfassen? Auch hier können Sie verschiedene Möglichkeiten testen. Experten gehen davon aus, dass erst nach dem siebten Kontakt der zukünftige Kunde Sie langsam anfängt wahrzunehmen. Eine andere Untersuchung hat die Vorlaufzeit bis zur Auftragserteilung untersucht. Kurzfristig werden 33 % der Aufträge vergeben. Weitere 33 % vergeben ihre Aufträge mittelfristig und die übrigen 33 % haben eine langfristige Vorlaufzeit. Nun stellt sich die Frage: Welche Maßnahmen haben Sie eingeleitet, bevor der Kunde oder Interessent soweit ist, einen Auftrag zu vergeben? Wie können Sie den Kunden binden, bevor er einen Auftrag erteilt?

Vielleicht werden auch in Ihrem Unternehmen einige dieser Fehler gemacht. Wenn Sie sie erkennen, ist das schon die halbe Miete. Einen oder zwei dieser Fehler zu beseitigen, kann Ihren Umsatz schnell steigern. Dabei wünsche ich Ihnen viel Erfolg.

Die Mathematik des erfolgreichen Verkaufs

Von Christoph Burkard

Erinnern Sie sich an Ihren letzten Flirt?
Erinnern Sie sich an Ihren letzten **erfolgreichen** Flirt?
Worin bestand der Unterschied?

Mit dieser Frage konfrontiert, denken viele Seminarteilnehmer immer wieder: „Was soll denn das, ich denke, ich soll hier etwas über das Verkaufen hören."
Was der Flirt mit „Verkaufen" gemeinsam hat, darauf lassen Sie uns später noch einmal zurückkommen.

Beim jüngsten Deutschen Handelskongress im November 2008 in Berlin wurde beim Mittelstandsforum einmal mehr auf die Notwendigkeit der Nutzenargumentation des Handels hingewiesen. Nur wer sich abhebt und wirklich Nutzen für den Kunden anbietet, wird überleben.

„Anders als Andere", lautete die Marschrichtung. –
„Besser als Andere", sollte die Maxime sein.

Nur wer sich abhebt und tatsächlichen Nutzen für den Kunden stiftet, ist auf der Überholspur. Service ist gefragt und Service ist verständliche Nutzenargumentation, eine Beratung, die den Nutzen für den Erwerber deutlich macht. Dies macht vor allen Dingen eine Aufwertung des „Human Capital", also der Mitarbeiter notwendig, zielgerichtet auf den Verkauf.

Alte Weisheiten, die nur allzu oft und allzu gerne in Vergessenheit geraten, werden wieder einem trotzdem staunenden Publikum vorgetragen.

Die von Augustinus geprägten Worte,

„Nur wer selbst brennt, kann andere entzünden",

werden in unterschiedlichsten Varianten in Erinnerung gerufen. So z. B. „Wenn es innen nicht brennt, kann es außen nicht leuchten." oder „Wie kann jemand begeistern, wenn er selbst nicht begeistert ist?".

Milliarden werden in die Werbung und in das Marketing gesteckt. Die Frage ist nur – was geschieht dann? Was wird für die Mitarbeiter, die diese Aufwendungen und die Nutzen transportieren sollen, getan?
Wenn hier kein detailliertes Ausbildungs- und Schulungskonzept vorliegt, dann sind Schulungsmöglichkeiten, das Training und die Motivation der Mitarbeiter gefragt.

Haben Sie schon einmal gehört „heute ist eine Ärztin, ein Arzt geboren worden" oder „heute ist eine Nobelpreisträgerin, ein Nobelpreisträger geboren worden" oder „heute ist eine Verkäuferin, ein Verkäufer geboren worden"?
Natürlich nicht, es ist eben nicht so, dass Berufe oder Berufungen geboren werden, diese werden erarbeitet.

Was ist nun aber die Ausbildung einer Verkäuferin oder eines Verkäufers? Die Ausbildung als Kauffrau oder Kaufmann in den unterschiedlichsten Varianten ergibt noch lange keine gute Verkäuferin oder guten Verkäufer im direkten Kundenkontakt. Die Lehre und Ausbildung zur Kauffrau oder zum Kaufmann bringt bestimmt gute Sachbearbeiterinnen und Sachbearbeiter hervor, bestimmt auch gute Kaufleute, hat aber mit dem Beruf der Verkäuferin oder des Verkäufers nur sehr wenig zu tun.

Im täglichen Trott wird bei der Einstellung der Verkäuferin oder des Verkäufers oft einfach so im Vorübergehen eine ganze Abteilung mit Produkten unterschiedlichster Art und Wirkungsweisen übergeben, ohne über den Nutzen für den Verbraucher und Anwender auch nur einen Satz zu verlieren. „Friss oder stirb!", ist die Devise. Wenn dann der Umsatz nicht stimmt, taugt der Mitarbeiter eben nichts. Er ist also dazu verdammt, sich in vielen Fällen selbst irgendeine Argumentation zurechtzulegen, damit er nicht gar so dumm dem Käufer gegenübersteht.

Die Erfahrung zeigt, dass Wissen und erworbene Kenntnisse und Fähigkeiten zwar hilfreich sind, aber ein stetiges Lernen und Trainieren nicht ersetzen. Im Gegenteil, man ist versucht, sich in den gemachten Erfahrungen festzufahren. „Wir haben das schon immer so gemacht", ist der Tod jeglicher Kreativität und Innovation.

Grundsätzliches wird oft vergessen. Eine alte chinesische Weisheit sagt:

„Wer nicht lächeln kann, sollte kein Geschäft eröffnen."

Man sollte meinen, dass ein Lächeln oder wenigstens ein freundliches Gesicht das Mindeste ist, was man einem Interessenten oder Kunden schenken sollte. Sieht man jedoch die griesgrämigen Gesichter mancher Verkäuferinnen und Verkäufer, vergeht einem die Lust auf jeglichen Kauf. Und je schlechter die Marktsituation ist, desto wichtiger sind diese natürlichen äußeren Merkmale, von einer fundierten Argumentation ganz zu schweigen.

Wenn wir schon bei chinesischen Weisheiten sind, dann sollte man diese nicht vergessen:

„Lernen ist wie Rudern gegen den Strom.
Hört man damit auf, treibt man zurück."
(Laotse, chin. Philosoph 4.-3. Jhd. V. Chr.)

Warum wird eine hochqualifizierte Fußballmannschaft mit teuren Trainern für fast jede Bewegung fit gehalten? Man sollte doch meinen, die könnten Fußball spielen. Von Kopf bis Fuß wird der Sportler fit gehalten. Jeden Tag gibt es Trainingseinheiten. Nicht nur der Körper wird gestählt, nein, auch die Psyche wird geschult und gebildet. Mittlerweile weiß es jeder – die meisten Spiele werden im Kopf entschieden. Mentales Training wird neben körperlicher Fitness zum Schlüssel für den Erfolg. Und das erleben wir nicht nur im Fußball, sondern in jeder Sportart und in jeder leistungsbezogenen Disziplin.

Warum glauben wir eigentlich, dass Verkäuferinnen und Verkäufer jedes Jahr den Umsatz nicht nur halten, sondern selbstverständlich steigern können, ohne eine geistige und praktische Inspektion und Inspiration zu erhalten, die das Bewusstsein und das Auftreten für die eigene Tätigkeit stärken?
Weil es Geld kostet?
Es kostet viel mehr, wenn ein interessierter Kunde ohne Kaufabschluss den Laden verlässt, weil er sich möglicherweise nicht gut beraten oder fair behandelt gefühlt hat.

Es ist immer wieder von zufriedenen Kunden zu hören:

„ Ich habe zwar etwas mehr bezahlt, aber ich bin hervorragend beraten und bedient worden."

Der Traum jeden Anbieters – der eigene notwendige Preis – konnte gegenüber dem Wettbewerb durchgesetzt werden.

Sie können davon ausgehen – dieses Verkaufspersonal ist nicht nur im Umgang mit Menschen, sondern auch mit entsprechenden Nutzenargumentationen der Ware geschult worden.

Hier sind **Grundlagen** bei den Verkäuferinnen und Verkäufern vorhanden wie:
- Was muss man mindestens von Verkaufsrhetorik wissen?
- Was sagt uns die Körpersprache?
- Wie vermeidet man tödliche Formulierungen?
- Wie eröffnet und schließt man die einzelnen Phasen des Verkaufsgesprächs erfolgreich ab?
- Wie minimiert man psychologisch den eigenen Preis?
- Was ist schädlich für den Verkaufsabschluss?
- Wie verkauft man an den Endverbraucher? Wie an den Wiederverkäufer?
- Wie erzeuge ich Sympathie/Antipathie und wie erhöhe ich die Aufmerksamkeit?
- Was „reizt" den Kunden negativ, was positiv?
- Wie erhöhe ich die Wirkung der eigenen Argumentation?

Die Verkäuferin und der Verkäufer muss Kompetenz ausstrahlen, sie müssen überzeugt von ihrem Angebot sein und vor allem müssen sie überzeugt von ihrer Tätigkeit sein. Dies ist wiederum nur möglich, wenn man mit dem notwendigen Rüstzeug der Funktionalität und dem Nutzen der Ware ausgestattet ist.

Der Kunde sollte sich wohlfühlen. Nur in einem vertrauenden Umfeld wird eine positive Kaufentscheidung gefällt. Freuen wir uns nicht immer wieder, wenn wir bei einem Kauf „ein gutes Gefühl" haben?

Verkaufen heißt nicht „Ware gegen Geld", „hinter einem Tresen Produkte verteilen" oder „Überreden" oder „über den Tisch ziehen", nein, Verkaufen heißt:

> *Verkaufen – ein Lächeln, das leuchtet und siegt,*
> *der Druck einer Hand und die Art wie man blickt.*
> *Der Ton einer Stimme, überzeugend und klar,*
> *das Knüpfen von Freundschaft – alle Tage im Jahr.*
> *Eine Kunst ist Verkaufen, bei manchem vererbt,*
> *bei vielen in emsiger Übung erlernt.*
> *Verkaufen ist Takt, ist "Wissen um Wie",*
> *ist Quell für Beratung, ist wahres Genie.*
> *Verkaufen heißt Klarheit, Bereitschaft und Streben,*
> *Verkaufen, mein Freund, ist Kampf, dann ist es Leben.*

Verkaufen heißt also nicht nur, ein Produkt für einen bestimmten Preis einzutauschen, sondern es heißt, unter Einsatz von natürlichen menschlichen Verhaltensweisen ein Vermittler zur Befriedigung menschlicher Bedürfnisse und Wünsche zu sein. Dies gilt gleichermaßen für den Endverbraucher wie auch für den Einkäufer oder Investor, selbstverständlich mit unterschiedlicher Motivation, also mit unterschiedlichen Beweggründen. Diese Beweggründe zu finden und entsprechend die Argumentation nutzbringend darzulegen, also Überzeugungsarbeit zu leisten, ist die vordringlichste Aufgabe der Verkäuferin und des Verkäufers, die eine ständige Aus- und Fortbildung erfordert.

Es gilt für die Verkäuferin und für den Verkäufer, den Amateurstatus zu verlassen und in die Profiliga zu wechseln. Hier werden weitere Qualifikationen und Kenntnisse notwendig, wie zum Beispiel:

- Wie erhöhe ich die Wirkung der eigenen Argumentation?
- Wie überzeuge ich überzeugend?
- Das Preisgespräch – Hürde oder schönste Nebensache der Welt?
- „Zu teuer." – Was jetzt?
- Wie behandle ich notorische Preisdrücker?
- Preis/Wert – Wie bringe ich preispositive Argumente?
- Wie objektiviere ich Vorwände?
- Wie erkenne ich, ob der Kunde Vorwände bringt?
- „Ich habe keine Zeit." – Was nun?
- „Daran bin ich nicht interessiert." – Und jetzt?
- „Ich muss es mir noch einmal überlegen." – Wie agiert man richtig?
- Wie begegne ich Reklamationen?
- Wie erkenne ich die Bereitschaft des Kunden, und wie reagiere ich darauf?

- Wie erhalte ich Sympathie und Vertrauen?
- Wie kann man selbst negativ eingestellten Kunden die Vorteile doch noch klarmachen?
- Wie animiere ich den „Schweigsamen" zum Dialog?
- Können Sie nach Körperbau und Benehmen des Gesprächspartners Anhaltspunkte für Ihr Gespräch finden?
- Wie erkennen Sie, ob es sich um einen „schwierigen" oder „leichten" Partner handelt?
- Wie führen Sie nachhaltig neue Produkte ein?
- Die wirtschaftliche Lage ist schlecht, was tun Sie?
- „Das Lager ist voll." – Wie reagieren Sie?
- „Keine Saison." – Was tun Sie jetzt?
- Wie helfen Sie Ihrem Kunden, dass er übertriebene Forderungen bzw. Behauptungen schnell zurücknimmt?
- „Ich habe kein Geld." – Was sagen Sie jetzt?

Es ist die Aufgabe der Verkäuferin und des Verkäufers, mit einer Vielzahl von Einwänden und Vorwänden, von Ausreden und Vorurteilen fertig zu werden und diese auf sichere und natürliche Weise zu entkräften und zu beantworten.

Jetzt sind wir wieder beim Flirt. Zur Klarstellung – mit der ganzen Welt flirten heißt nicht, mit der ganzen Welt ins Bett gehen zu wollen. Ein Flirt kann einfach nur der Wunsch nach einer guten Unterhaltung, kann einfach der Wunsch nach einem guten Miteinander sein, kann einfach nur dazu dienen, Überzeugungen und **Nutzen** zu transportieren.

Analysieren Sie doch einmal Ihr eigenes, natürliches Verhalten beim Flirt.

Sie lächeln? – Genau, der Anfang ist gemacht.

Sie geben Ihrem Gegenüber nicht nur das Gefühl von Anerkennung und Respekt, sondern meinen es auch. Gefühlvoll und einfühlsam stellen Sie Ihre Fragen. Sie erforschen die Wünsche und überzeugen mit Beispielen und Nutzen. Komplimente kommen aus Ihnen heraus, ohne dass Sie überlegen müssen, mit überzeugender Kraft. Die Reaktion, die Ihnen entgegenkommt, ist auf jeden Fall nicht abweisend und in aller Regel entwickelt sich ein nettes, konstruktives Gespräch, dem Sie die Wendung und den Abschluss geben können, den Sie wollen, in Übereinstimmung mit Ihrem Gesprächspartner.

Das ist Verkaufen, einfach und natürlich.

Damit dies auch leicht und merkbar für den professionellen Verkauf vermittelt werden kann, sind die Argumente und Nutzen, der Satzaufbau und die Redewendungen, die Fragen und Verhaltensweisen in eingängigen Formeln in den Seminaren

Die Mathematik des erfolgreichen Verkaufs

wie das 1 x 1 zusammengefasst, berechenbar und erlernbar, zusammenzusetzen wie eine Gleichung – wie Mathematik eben.

Dabei ist immer zu beachten:

> **„Es ist nicht genug zu wissen,**
> **man muss auch anwenden!**
> **Es ist nicht genug zu wollen,**
> **man muss auch tun!"**
>
> *J. W. v. Goethe*

„Ein Bild sagt mehr als 1000 Worte"

Eine Wahrnehmung mit Haftwirkung

Von Cosima Reichwein

Wir alle kennen den Ausspruch „ein Bild sagt mehr als 1000 Worte". Dass dem so ist, ist mittlerweile sogar wissenschaftlich belegt. Bilder sind der schnellste Weg zum Gehirn. Bilder mit einem hohen emotionalen Gehalt sind wie kleine Post-it's, die in unserem Gehirn haften bleiben und bis zu 95 Prozent unserer Kaufentscheidungen beeinflussen. Und das Ganze geschieht vollkommen unbewusst. Wir sollten also in der Werbung für unser Unternehmen nicht auf das bewusste Erinnern unserer Dienstleistungen und Produkte setzten, sondern auf das Unbewusste. Bildbotschaften machen genau das!

Lassen Sie Bilder sprechen!

Unsere Dienstleistungen und Produkte werden immer komplexer. Oftmals so komplex, dass es für Außenstehende nicht nachvollziehbar ist. Mit der Kraft und der positiven Wirkung von Bildern können aber selbst die komplexesten Dienstleistungen und Produkte verständlich kommuniziert werden. Aber auch ihr Alleinstellungsmerkmal kann bildhaft dargestellt werden. Wie, das möchte ich Ihnen im Nachfolgenden erklären.

„Super! Toll! Klasse!"
Eine Bildbotschaft, die weltweit verstanden wird – egal ob von einem Spanier, Chinesen oder Amerikaner, bei allen werden die gleichen Emotionen geweckt. Dieses Bild braucht keine Worte und ist der Beweis für: „Ein Bild sagt mehr als 1000 Worte".

Headlines und Bildbotschaften

Nun eine Bildbotschaft, die aufzeigt, dass durch unterschiedliche Headlines verschiedene Assoziationen hervorgerufen werden. Dadurch werden zwei ganz verschiedene Zielgruppen angesprochen.
Mit einem knackigen Satz kann die Bildbotschaft unterstrichen und der Betrachter in die richtige Richtung gelenkt werden.

Fehlen Ihnen auch manchmal die Worte?!

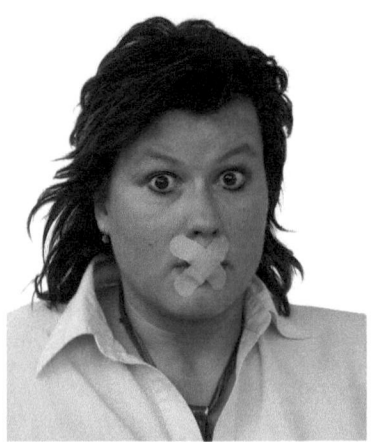

Werber: Sprachschule
Zielgruppe: Für alle, die auf der Suche nach eine besseren Verständigung in fernen Ländern sind – ob privat oder geschäftlich!

Beispiel: 1 für Bildbotschaft

Sind Sie auch eine „Quasseltante"?

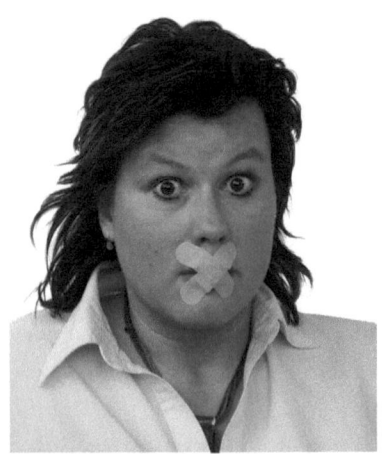

Werber: Telefontarifanbieter
Zielgruppe: Für alle, die viel und oft telefonieren und nicht auf den Preis schauen wollen!

Beispiel 2:

Auf der Suche nach DER Bildbotschaft

Wie findet man nun das alles erklärende Bild? Das Bild, das Ihre Dienstleistung oder Ihr Produkt erklärt? Hilfreich ist dafür ein Brainstorming. Sammeln Sie Bildideen, von denen Sie meinen, dass sie den Eigenschaften Ihrer Dienstleistung oder Ihres Produktes am ehesten entsprechen. Lassen Sie auch verrückte, auf den ersten Blick komplett abwegige Ideen zu. Bewerten Sie die Aussagen nicht. Sammeln Sie ALLES! Denn mit dem Sammeln werden Assoziationsketten geschaffen, die sie immer näher an das heranführen, was Sie suchen: Ihre Bildbotschaft.

Die Aufgabenstellung:

Ein Unternehmen möchte eine Anzeige für eine Lotpaste, die für die Verbindung von elektrischen Bauteilen eingesetzt wird, schalten. Folgende Eigenschaften zeichnen die Lotpaste aus:

- Geringe Fehlerrate
- Exzellente Benetzung

Der Kunde wusste zu Beginn des Brainstormings noch nicht, welche der beiden Eigenschaften Priorität haben sollte. Das Ergebnis des Brainstormings war:

1. Für exzellente Benetzung:

- Kapseln
- Stuhlreihe im Opernhaus
- regelmäßige Fenster in Hochhäuser
- Ein Feld mit roten Tulpen und einer einzelnen gelben
- Fischschwarm
- Kiste mit Eiern
- Orangenkiste mit einem Apfel in der Mitte
- Schafherde mit einem schwarzen Schaf
- Käfer bei der Eierablage

2. Für geringe Fehlerrate:

- Bespannung eines Tennisschlägers
- Netzstrumpfhose am Damenbein
- Tropfen auf Metalloberfläche
- grüner Grashalm mit Tautropfen
- Wassertropfen im Fall auf Wasseroberfläche

Nach dem Aschenbrödelprinzip werden jetzt alle Bilder unter die Lupe genommen: „Die Guten die Töpfchen, die Schlechten ins Kröpfchen!"

Anzeige: Heraeus Lotpaste F 10

Das Ergebnis:
Ein Tulpenfeld mit lauter roten und einer einzigen gelben Tulpe. Die Botschaft „geringe Fehlerrate" hat Priorität.

Die Benetzung, dargestellt durch einen Tautropfen am Grashalm, wurde als weniger wichtig eingestuft, was sich auch im Layout zeigt: kleineres Bild.

Die gesamte Anzeige erhält durch das gewählte Layout einen roten Lesefaden. Damit ist die Abfolge dessen gemeint, was zuerst und was danach wahrgenommen wird. Das Auge wird geführt.

Der Nutzen einer solchen Anzeige ist nicht von der Hand zu weisen:

Der Leser des Fachmagazins, in dem die Anzeige erscheint, bleibt an dem Tulpenfeld inmitten von Siebdruckanlagen, Waschautomaten und Lotpasten hängen. Nicht die technischen Eigenschaften sind im Vordergrund, sondern die ästhetische Verfremdung dessen. Das Tulpenfeld und der Tautropfen rufen beim Betrachter positive Gefühle hervor. Diese werden unbewusst auf die Eigenschaften des Produktes übertragen.

Die Headline mit der Subline fixieren die, mit dem Bild angesprochene Botschaft: „Lotpaste F10 ... reduziert Fehlerrate und Kosten."

Brainstorming mit Mindmapping

Die Aufgabenstellung:

Für ein Unternehmen soll ein Flyer entwickelt werden. Es muss eine Bildbotschaft und ein Wording gefunden werden, dass sowohl Neukunden als auch Bestandskunden anspricht. Beide Kundenkreise sollen während einer Messe dazu angeregt werden, den Stand des Unternehmens zu besuchen und ein Gespräch zu führen.

Die Fragestellung für das Brainstorming lautete: „Was hebt unser Unternehmen von unseren Mitanbietern ab?"

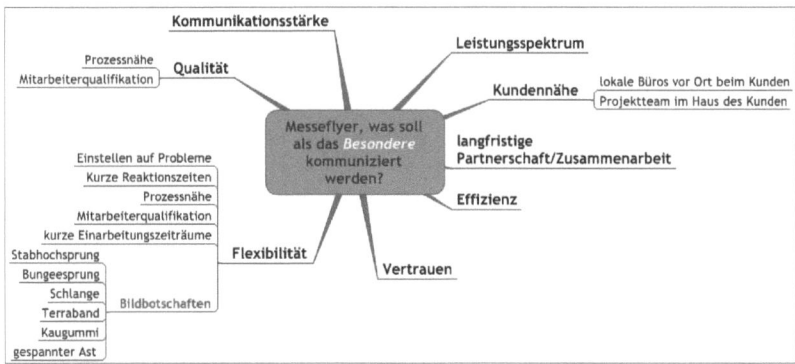

Das Ergebnis:

Auf der Mindmap können Sie sehen, was sich aus dem Brainstorming entwickelt hat: der abstrakte Begriff „Flexibilität". Als Bild wurde ein Hipp Hopp Dancer ausgewählt. Die Botschaft ist: Die Schnelligkeit, mit der bei EXCO Themen und Projekte bearbeitet werden, für die technische (im Bild: körperliche) Perfektion notwendig ist. Aber auch die Bereitschaft, für den Kunden neue Perspektiven einzunehmen (im Bild: für den Kunden stellt man sich auf den Kopf).

Titelseite für EXCO Messeflyer

Wie Bildbotschaften zu Wortbildern werden

Die Aufgabenstellung: Ein Coach möchte seinem Gegenüber die Vorteile vermitteln, die eine Zusammenarbeit mit ihm hätte, wenn beispielsweise eine unternehmerische Entscheidung anstünde.

Hier nun einige Beispiele, wie Sie als Coach mit Bildbotschaften Wortbilder „malen" können:

Bild 1: Der Unternehmer muss eine wichtige Entscheidung treffen, der schwankt aber zwischen verschiedenen Möglichkeiten hin und her – dargestellt durch das schwankende Seil. Er oder sie hat Angst, die falsche Entscheidung zu treffen, das Seil unter den Füßen zu verlieren und abzustürzen.

Bild 2: Am liebsten würde der Unternehmer vor der Entscheidung davon laufen – auf dem Bild sieht man den „Unternehmer" nur von hinten. Er möchte gerne alle Argumente wegwerfen und sich von dem Ballast der Entscheidung befreien, indem er den Koffer fallen lässt.

Bild 3: Der Unternehmer fühlt sich sicher. Er schwankt nicht, sondern geht aufrecht auf sein Ziel zu. Alle guten Argumente und unterstützenden Maßnahmen befinden sich im Koffer. Der Schirm wird nicht mehr benötigt.

Bild 1 und 2 stellen die Ist-Situation dar. Sie beschreiben die Gefühle, die ein Unternehmer hat, wenn er eine schwerwiegende, unternehmerische Entscheidung treffen muss. Bild 3 dagegen zeigt die Soll-Situation. So fühlt sich ein Unternehmen, nachdem er mit Hilfe des Coachings eine Entscheidung getroffen hat.

Die Aufgabenstellung:

Sie sind Fachmann oder Fachfrau für Prozessoptimierung und erklären Ihre besondere Vorgehensweise wie folgt. In einem Unternehmen gilt es, eine besonders harte Nuss zu knacken. Sei es die hohe Reklamationsrate, diverse Qualitätsprobleme oder Engpässe in der Produktion.

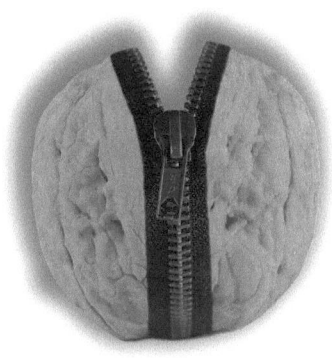

Das Ergebnis:

Um die Nuss zu knacken, können Sie draufhauen und die Nuss in all ihre Einzelteile zerlegen. Aber das verhindert, dass Sie die Zusammenhänge noch erkennen können. Als Spezialist für Prozessoptimierung „verpassen" Sie der Nuss einen Reißverschluss und gelangen so Schritt für Schritt / Zahn für Zahn an den Kern des Problems, um dort dann die Problematik im vollen Umfang zu erkennen, z.B.: welche Schnittstellen nicht richtig funktionieren!

In vier Schritten zu Ihrer Bildbotschaft

1. Überlegen Sie sich: „Wonach sucht Ihr Kunde?
   Worin besteht sein Leidensdruck?
2. Machen Sie ein Brainstorming und sammeln alle Eigenschaften, die Ihre Dienstleistung bzw. Ihr Produkt ausmacht.
3. Suchen Sie dazu passende Bildbotschaften.
4. Bewerten Sie die Bildbotschaften und suchen Sie diejenige aus, die das „gewisse Etwas" am Besten transportiert.

Manchmal reicht aber auch schon ein authentisches Logo, um eine Botschaft zu vermitteln. Sprechen Sie mich an!

Kundenakquise,
notwendiges Übel oder Freude an der Arbeit?

Was tun, damit die Akquise Spaß macht und effizient ist?

Von Peter Hupke

Nach der Akquise ist vor der Akquise!

Angenommen, Sie oder jemand, den Sie kennen, gründen ein Unternehmen oder Sie machen sich als Freiberufler selbständig. Zum Beispiel im Bereich Webdesign. Nachdem der Geschäftsplan geschrieben und die berufliche Existenz gegründet wurde, wird nach drei Monaten die erste Bilanz gezogen.

Nehmen wir an, der Geschäftsplan sah unter dem Punkt „Vertrieb" die Gewinnung von 15 neuen Kunden in den ersten drei Monaten vor. Aber die Realität sieht leider anders aus. Es wurden lediglich fünf Kunden gewonnen. Somit können wir auch davon ausgehen, dass das Umsatzziel für diesen Zeitraum in weiter Ferne liegt.

Eventuell haben Sie von so einem oder einem ähnlichen Szenario schon einmal gehört.

Woran liegt das?
Wahrscheinlich können Sie sich das bereits denken. Nach einem gewonnen Webdesign Projekt geht es an die Umsetzung und somit in das eigentliche Tagesgeschäft. Der Webdesigner geht in dem Projekt so richtig auf. Nach etlichen Besprechungen mit dem Kunden und den Dienstleistungsstunden der Programmierung kommt es zu der Endabnahme durch den Kunden und dem damit verbundenen Projektabschluss.

Aber was war in dieser Zeit mit der Akquise von Neukunden? Genau! Dafür war keine Zeit vorhanden, und wie Sie bereits richtig erkannt haben, ist das auch der Grund für nur fünf Neukunden.

Und so geht es vielen Existenzgründern und Unternehmen. Es wird ein neuer Kunde und/oder ein neues Projekt gewonnen und von Anfang bis Ende bearbeitet. Wenn ein großes finanzielles Polster vorhanden ist, spricht nichts gegen diese Unternehmensstrategie.

Für alle Existenzgründer und Unternehmer die Ihr Finanzpolster behalten oder weiter ausbauen möchten, ist ein gesundes „Grundrauschen" das A und O.

Dieses Grundrauschen lässt sich durch gut organisierte Akquise gewährleisten. Auch wenn ein Auftrag oder Kunde gewonnen wurde, ist es unabdingbar, dass im laufenden

Projekt die Akquise weiterläuft. So wird sichergestellt, dass nach dem Projektende ein weiterer Auftrag zur Umsetzung bereitsteht.

Wege der Kundenansprache und -gewinnung

Es gibt mehrere Möglichkeiten der Ansprache von Kunden und deren letztendlichen Gewinnung. Und egal für welche Sie sich entscheiden, lassen Sie Ihre Emotionen einfließen, damit der Kunde Ihre Einzigartigkeit wahrnimmt.

Natürlich können Sie an dieser Stelle sagen: „Ich schalte Anzeigen und die Kunden werden auf mich aufmerksam. Dazu brauche ich keine Emotionen!" Da mögen Sie ein Stück weit Recht haben. Jedoch sind es gerade diese Anzeigen, die Emotionen beinhalten und wecken, die sich von dem „Anzeigen-Einheitsbrei" abheben.

Wenn Sie ein Mailing aufsetzen, gleich ob postalisch oder elektronisch, sind neben der eigenen Positionierung im Markt und der Zielgruppendefinition eben auch die Emotionen wichtig, die Sie transportieren oder wecken möchten, um effizient Kunden anzusprechen und für sich zu gewinnen.

Und wie sieht es mit der direkten Kundenansprache aus? Diese lässt sich unterteilen in persönliche Ansprache auf Veranstaltungen wie zum Beispiel Messen, Kongressen, Netzwerktreffen und ähnlichem und der Ansprache per Telefon.

Die persönliche Ansprache hat den Vorteil, dass Mimik und Gestik des Gesprächspartners sichtbar sind und auf die Reaktionen eingegangen werden kann. Das hört sich leicht an, wird aber in der Praxis schnell zu einer großen Herausforderung, wenn die Erfahrung in Gesprächsführung und vor allem die Motivation fehlt, mit Menschen zu kommunizieren. Noch schwieriger gestaltet sich die Ansprache via Telefon. Es gibt lediglich die Stimme, keine Mimik, keine Gestik, die als Orientierungshilfe dienen können.

Einzige Anhaltspunkte sind die gesprochenen Worte und die Tonalität. Und wenn wir Kommunikationstrainern und Kommunikationswissenschaftlern Glauben schenken dürfen, setzt sich die Kommunikation zusammen aus

- 7 % gesprochenem Wort
- 35 % Tonalität
- 58 % Mimik und Gestik

Beeindruckende Zahlen, doch was bedeutet das nun für unseren Vertrieb und unsere Akquise?

Kaltakquise, die Königsdisziplin im Vertrieb

Ob Sie nun auf einer Veranstaltung potentielle Kunden ansprechen möchten oder zum Telefon greifen und durch Telefonakquise Kunden gewinnen wollen, es bedarf der Planung und vor allem einer großen Portion Selbstbewusstsein und Motivation.

Für die Planung der Telefonakquise sollten Sie sich etwas Zeit nehmen um über einige Dinge nachzudenken, die Ihnen dabei helfen, diese vielleicht (un)angenehme Aufgabe strukturiert und effizient zu gestalten. Wenn es Ihnen schwer fällt, holen Sie sich externe Unterstützung. Immerhin geht es um Ihren Geschäftserfolg.

Planen Sie für die Akquise ein festes Zeitfenster ein, in dem Sie sich ausschließlich dem Telefonieren widmen. Überlegen Sie sich eine klare Zieldefinition, zum Beispiel: „Ich möchte x Telefonate führen und x Termine oder x Angebote generieren." Und als Letztes überlegen Sie sich, wie Sie sich für die praktische Umsetzung belohnen.

Gerade der letzte Punkt ist wichtig. Eventuell fragen Sie sich jetzt: „Wie und vor allem womit soll ich mich denn belohnen?" Wählen Sie hier Kleinigkeiten, die Ihnen eine Freude bereiten oder Tätigkeiten, die Sie gerne machen, aber wofür Sie sich kaum Zeit nehmen. Gönnen Sie sich zum Beispiel einen Eisbecher. Gehen Sie ins Kino oder in den Zoo.

Angenommen, Sie blocken sich für die Akquise wöchentlich ein bestimmtes Zeitfenster, definieren eine realistische Anzahl an Kontakten und belohnen sich nach getaner Arbeit, welchen Zeitraum glauben Sie zu benötigen, um das Telefonieren als Mittel zur Belohnung zu sehen?

Wer an dieser Stelle denkt „Das ist ja alles schön und gut. Aber ich kann mich, wenn ich mein gestecktes Ziel nicht erreiche, selbst betrügen und mich trotz Misserfolgs belohnen." hat Recht. Eine weitere Alternative ist, sich für das Verfehlen des Ziels zu bestrafen. Beides sind Verhaltensstrategien, die Menschen nur allzu gern anwenden. Der Selbstbetrug und die Selbstbestrafung sind und bleiben nun einmal einfacher, als sich ein realistisches Ziel zu setzen und sich mit dessen Erreichung zu befassen! Aber mehr Kunden generieren Sie dadurch nicht.

Für den Fall, dass Sie ein realistisches Ziel haben, hilft Ihnen eventuell die nachfolgende Grafik bei der Umsetzung und der Erreichung.

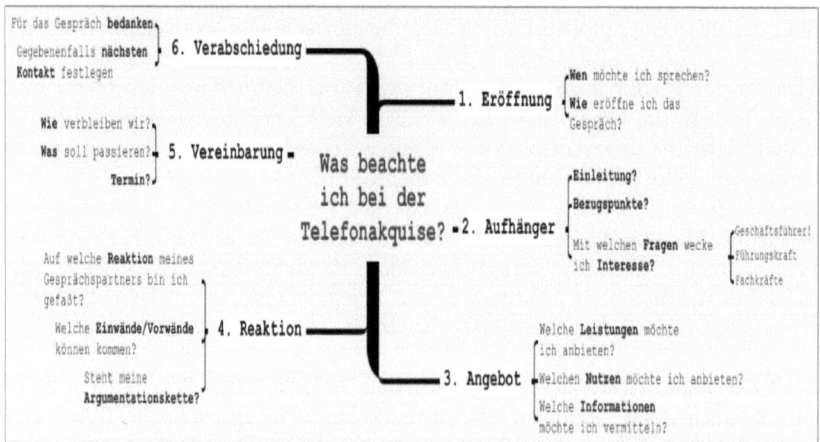

Vgl. Wißmann, Volker H. Professionelles: Telefonmarketing, Humboldt Verlag, 2000

Anhand dieser sechs Hauptpunkte und den einzelnen Unterpunkten möchte ich Ihnen eine Idee von zu beachtenden Kriterien geben.

Es sieht relativ einfach aus!
Es gilt ja nur folgende sechs Punkte zu beachten.

1.	Eröffnung	Guten Tag …
2.	Aufhänger	Sie als Geschäftsführers eines IT-Unternehmens …
		Haben Sie mein Schreiben vom …
3.	Angebot	Wie sieht Ihr Bedarf an …
4.	Reaktion	Das hört sich sehr interessant an …
5.	Vereinbarung	Wann passt es Ihnen nächste Woche …
6.	Verabschiedung	… Auf Wiederhören.

Eigentlich ließe sich hiermit doch ganz leicht die Akquise-Tätigkeit aufnehmen und ein Kontakt nach dem anderen herstellen und ein Termin nach dem anderen vereinbaren. Und hier und da käme dann auch ein Abschluss zustande.

Was also hindert einen Menschen an der Akquise? Es ist doch ein Gespräch/ Telefonat wie jedes andere auch?

Mentale Einstellung

Einen ganz wesentlichen Punkt haben wir uns noch nicht betrachtet. Die mentale Einstellung zu einem wichtigen Gespräch oder Telefonat. Wie sieht es mit Ihrer Einstellung zur Kaltakquise aus?

Ein kleiner Exkurs in die Sportpsychologie:
Sportpsychologen haben herausgefunden, dass die mentale Einstellung zum Gewinn eines Wettbewerbs siebzig Prozent beträgt, fünfundzwanzig Prozent die physischen Gegebenheiten und nur fünf Prozent die Technik.[1]

Was bedeutet das für die Akquise?
Angenommen die Planung der Akquise-Tätigkeiten sind die physischen Gegebenheiten von fünfundzwanzig Prozent und die rhetorischen Fähigkeiten wie Einwandbehandlung, Fragetechnik oder Argumentationskette die fünf Prozent. Bleibt noch die mentale Einstellung übrig.

Bringen Sie sich vor einem Telefonat oder einem Gespräch in einen emotional guten Zustand. Sie werden dadurch mental stärker und dies erhöht die Chancen, Ihr gestecktes Ziel für die Unterhaltung zu erreichen. Des Weiteren fällt es leichter, eventuelle Absagen wie „daran haben wir kein Interesse!" besser zu verarbeiten. Ja, es ist kaum zu glauben, aber auch das kann vorkommen.

Selten sind es mangelnde rhetorische Fähigkeiten oder Gesprächstechniken, die jemanden in einem Gespräch oder in der Kaltakquise scheitern lassen, obwohl in der Praxis nur zu oft genau diese Instrumente wieder und wieder geschult werden.

Oft fehlt die mentale Vorbereitung auf das Gespräch. Daraus resultiert in der Regel ein emotional schlechter Zustand. Sätze wie 'Dann mach ich halt mal wieder Kundenakquise' oder „Das wird sicher ein schweres Verkaufsgespräch." sorgen für eine kontraproduktive Motivation und torpedieren die nachfolgenden Gespräche. In so einer Situation macht es mehr Sinn, einen Kaffee zu trinken und die Füße hoch zu legen, als sich selbst und anderen das Leben schwer zu machen. Mal ganz davon abgesehen, dass eventuell ein Geschäftsabschluss aufs Spiel gesetzt wird.

Menschen die an dieser Stelle behaupten „Nur die Qualität und/oder der Preis eines Produktes ist für den Verkaufserfolg entscheidend." kann ich an dieser Stelle ein Stück weit beruhigen. Qualität und Preis sind Kriterien die ein Wohlfühlen des Kunden unterstützen und im Konsumgütermarkt auch eine tragende Rolle spielen. Aber der MehrWERT wurde auch hier auf anderem Wege vermittelt. Oder würden Sie ein Auto kaufen, nur weil es weniger Kraftstoff als ein anderes Auto verbraucht?

---

[1] Vgl. Zerlauth, Thomas, Sport im State of Excellence, Paderborn 1996

Wie entwickelt sich nun Freude an der Akquise?

Sicherlich haben Sie für sich bereits einen Weg gefunden, wie Sie die (un)angenehme Kaltakquise neu und effizient gestalten können. Und wenn die nachfolgenden Punkte Ihre Beachtung finden, wirkt sich das auch positiv auf Ihren Geschäftserfolg aus:

- ✓ Bringen Sie sich in einen emotional guten Zustand.
- ✓ Fahren Sie Ihre mentale Stärke für die bevorstehende Aufgabe hoch.
- ✓ Planen Sie die Wege Ihrer Kundenansprache.
- ✓ Planen Sie Ihre Akquise-Tätigkeiten.
- ✓ Belohnen Sie sich.

Wären Sie sehr erstaunt, wenn ich Ihnen sage, dass bei jeder auszuführenden Aufgabe ein emotional guter Zustand und die mentale Einstellung darüber entscheiden, wie Sie die Aufgabe angehen und welchen Grad an Freude Sie dabei empfinden? Das überträgt sich im Gespräch auf Ihren Gesprächspartner und erleichert Ihre Akquise-Tätigkeit.

Nachdem Sie einen wirklich kurzen Einblick in effiziente Kundenakquise erhielten, wünsche ich Ihnen viel Freude und Erfolg bei der Planung und Durchführung Ihrer Akquise.

Literaturverzeichnis:

Sprenger, Reinhard K.:
Mythos Motivation, Campus Verlag, Frankfurt 2002
Watzlawick, Paul:
Anleitung zum Unglücklich sein, Piper Verlag, München 1983
Backwinkel, Holger/Sturtz, Peter:
Telefonieren, Professionelle Gesprächstechniken, Haufe Verlag, München 2003
Giacobbe, Giulio Cesare:
Wie Sie Ihre Hirnwichserei abstellen und stattdessen das Leben genießen, Goldmann Arkana, München 2005
Wißmann, Volker H.:
Professionelles Telefonmarketing, Humboldt Verlag, München, 2000
Zerlauth, Thomas, Sport im State of Excellence, Paderborn 1996

Hypnose – Hokuspokus oder wissenschaftliche Methode?

Ein kurzer Einblick und was Sie als Unternehmer damit anfangen können

Von Yvonne Hahn

„Hypnose? Das ist doch esoterischer Kram, der willenlos und abhängig macht!"
„Da wird man doch manipuliert und tut Dinge, die man sonst nie tun würde!"

So oder so ähnlich lauten die häufig gehörten Vorurteile gegenüber einer Therapieform, die sich derzeit in Deutschland immer mehr etabliert.
Aber:

Was ist Hypnose denn nun wirklich?

Ganz ehrlich: ich weiß es nicht!
Was ich Ihnen aber als Erklärung anbieten kann, ist die Essenz aus den Schilderungen meiner Klienten und meiner eigenen Erfahrung. Oberstes Gebot lautet aber auch hier wieder: Hypnose kann sich für jeden anders anfühlen.
Das Problem ist meiner Meinung nach, dass bereits viele Experten oder solche, die als jene gelten wollen die unterschiedlichsten Definitionen geliefert haben. Bücher hierzu finden Sie mittlerweile in Massen, irgendwie wird es doch immer wieder anders beschrieben und am Ende ist man genauso schlau wie vorher.
Um es zu verdeutlichen, könnte ich Sie auch fragen, was Liebe ist, oder Wut oder Freude, und Ihre Erklärung dann als allgemeingültige und einzig korrekte Definition vertreten. Sie bemerken die Problematik?

Die Hypnose wird von mir als eine von vielen möglichen Methoden benutzt, um den Klienten in einen tranceartigen Zustand zu bringen. Das heißt, Hypnose ist also kein Ist-Zustand, sondern vielmehr ein Werkzeug, um in eine Entspannung zu gelangen.

Und hier kommt oft die Frage: „Mit einem Pendel bestimmt, das lassen Sie dann so vor meinen Augen schwingen, bis ich nichts mehr mitkriege, nicht wahr?"
Meine Antwort: „Wenn Sie das möchten, gerne. Aber ich bevorzuge weniger theatralische Methoden, die Ihre Augen nicht so anstrengen und wesentlich angenehmer für Sie sind."
Ich mag Pendel nicht.

Die Trance, in die die Hypnose führt, kann aber nicht mit dem landläufigen Begriff der Trance verglichen werden, bei dem vor Ihrem geistigen Auge jetzt gerade vielleicht um ein Lagerfeuer tanzende Körper in Ekstase auftauchen. Die therapeutische Trance wird dazu verwendet, um die Konzentration des Menschen nach innen auf sich selbst zu führen, ohne, dass er von den äußeren Einflüssen abgelenkt wird.

Somit ist die Trance keine entrückte Form totaler Bewusstlosigkeit und Desorientierung, sondern – im Gegenteil – ein hochkonzentrierter Arbeitszustand. Und genau diese Entspannung ist die Grundlage für eine Arbeit, bei der die vom Klienten erwünschten, und auch nur die erwünschten, Veränderungsarbeiten vorgenommen werden können. Es ist vergleichbar damit, wie Sie als Kind verschiedene Dinge gelernt haben. Sie waren so konzentriert, haben alles um sich herum vergessen, nichts von der Außenwelt mitbekommen und haben gelernt, gemalt oder ähnliches getan.

Es ist mir persönlich also nicht möglich, einen Menschen, der mir als Therapeutin vertraut, während der Trance Dinge tun zu lassen, die gegen seine eigenen tiefsten Wertvorstellungen gehen. Ebenso kann ich nicht bestätigen, dass ein Klient im Trancezustand widerstandslos alles über sich erzählt. Jedenfalls nicht, wenn er das nicht will. Selbst lügen ist in der Trance durchaus möglich, denn der Klient gibt zu keinem Zeitpunkt der Hypnose die Kontrolle über sich aus der Hand.

Hätte ich die Möglichkeit der totalen Kontrolle über Menschen durch Hypnose, glauben Sie mir: Ich hätte bereits vor Jahren ernsthaft darüber nachgedacht meine ersten Klienten zu perfekten Bankräuber-Marionetten mutieren zu lassen und würde nun unter Umständen auf den Cayman Islands weilen.

„Ich habe da mal etwas im Fernsehen gesehen...

…und das sah nicht so aus, als würde derjenige freiwillig auf dem Boden herum hüpfen und wie ein Huhn gackern?!"

Nun, auch hier scheiden sich die Geister, inwieweit solche Vorstellungen getürkt sind. Und von welcher Seite aus dabei eventuell sogar geschauspielert wird, sei mal dahingestellt. Sicher ist aber, dass Showhypnotiseure erkennen und aussortieren, wer unterschwellig bereit ist sich vor fremden Leuten „zum Affen" zu machen. Insofern sind hier durchaus gute Menschenkenner am Werk.

Fakt ist, dass ich selbst noch keinen ernsthaften Hypnosetherapeuten kennen gelernt habe, der sein Geld mit Showhypnose in Diskotheken oder ähnlichen Etablissements verdient und dies mit seinen ethischen Grundsätzen vereinbaren konnte. Vielleicht gibt es sie, ich kenne jedoch keinen.

Interessant für Sie zu wissen ist vielleicht auch, dass sich in Deutschland nur derjenige Hypnose-Therapeut nennen darf, der auch eine therapeutische Ausbildung hat, das heißt entweder die ärztliche Bestallung besitzt oder z. B. die staatliche Heilpraktiker-Zulassung vorweisen kann. Liegt dies nicht vor, darf sie oder er lediglich als Hypnotiseur oder Fachfrau / Fachmann für Hypnose auftreten. Ein erheblicher Unterschied, zumal in Deutschland für den Hilfesuchenden leider noch wenige Möglichkeiten bestehen, eine gewisse fachliche Kompetenz zu erkennen.

An dieser Stelle mein Tipp: Schwarze Schafe gibt es in allen Branchen, so auch hier. Informieren Sie sich bei Verbänden, lernen Sie den Therapeuten vor der Therapie in einem Gespräch persönlich kennen und prüfen Sie, ob zwischen Ihnen die Chemie stimmt. Dies ist die Grundvoraussetzung für eine erfolgreiche Zusammenarbeit – nicht nur in der Hypnotherapie. Diese Kennlernstunde ist bei seriösen Therapeuten meist kostenlos oder wird zumindest bei einem Auftrag verrechnet.

Dass die Hypnose als eigenständige Therapieform im März 2006 von der Bundespsycho-therapeutenkammer in Berlin für viele Einsatzgebiete offiziell anerkannt wurde, ist erst ein kleiner Schritt für ihre Etablierung hier in Deutschland. In England und Amerika gibt es ganze Kliniken, die sich allein auf die Hypnotherapie spezialisiert haben. Die ersten Bezuschussungen von privaten Krankenkassen konnte ich in meiner eigenen Praxis bereits erleben und ich bin mir sicher, dass sich dies in Zukunft noch steigern wird.

„Und wie kann mir als Unternehmer die Hypnose nützlich sein?"

Das Spektrum der Möglichkeiten durch Hypnose ist sehr breit gefächert. Jeder Therapeut hat hier seine eigenen Präferenzen und es gibt viele Spezialisten, die sich auf bestimmte Gebiete beschränkt haben. Neben den üblichen Anwendungsgebieten wie Raucherentwöhnung und Hilfe bei Schlafstörungen, Angst- und Blockadenlösungen oder der Krisenintervention, gibt es Möglichkeiten, die im Unternehmer-Alltag von großem Nutzen sein können. Zwei Beispiele führe ich im Folgenden auf:

Burn-Out-Syndrom

Ein Thema, das auch gesellschaftspolitisch immer aktueller wird, ist das Burn-Out-Syndrom. Das Problem bei einem Burn-Out ist immer noch, dass es in vielen Fällen mit Willensschwäche in Zusammenhang gebracht wird. „Wenn Du Dich mal zusammenreißt, dann wird das schon wieder", hört man diesbezüglich leider oft. Die Akzeptanz ist häufig noch nicht ausreichend vorhanden, und zwar auf Seiten der Gesellschaft ebenso, wie auf der des Erkrankten. Dabei ist der Burn-Out längst als Krankheit anerkannt und demnach auch therapierbar.

Die Behandlung baut in groben Zügen gesprochen darauf auf, dem Klienten Möglichkeiten aufzuzeigen, aus denen er wieder Energie schöpfen kann. Visualisierungen, die gemeinsam geübt werden, können später dann zu jedem beliebigen Zeitpunkt abgerufen werden und somit einem Fall in ein neues schwarzes Loch vorbeugen.

Selbstverständlich werden auch in Gesprächen immer wieder die individuellen Energieräuber aufgespürt und erarbeitet, wie man Ihnen entgegen treten kann.

Aber soweit soll es ja gar nicht erst kommen.
Denn auch im Rahmen der Prävention kann die Hypnotherapie eine große Hilfe sein. Der Ansatz ist hier der gleiche wie bei der Akutbehandlung, legt jedoch mehr Gewicht auf das frühzeitige Erkennen der energiefressenden Situationen oder Menschen und dem daraus resultierenden Umgang.
Der Praxistipp:
Wenn Sie das Gefühl haben, dass Sie akut mit einer Situation überfordert sind, suchen Sie sich wenn möglich ein ruhiges Plätzchen und gönnen Sie sich circa fünf Minuten nur für sich. Dies kann unter Umständen auch einfach die Bürotoilette sein. Dann setzen Sie sich aufrecht hin, schließen Sie die Augen und stellen sich eine Treppe vor, auf der Sie wahlweise nach unten oder oben schreiten und mit jedem Atemzug und jeder Stufe dann ganz bewusst immer mehr entspannen. Beschränken Sie die Anzahl der Stufen konkret auf 10 oder 20 und visualisieren Sie am Ende der Treppe eine Tür. Dahinter verbirgt sich dann wiederum ein Ort Ihrer Wahl, an dem Sie ganz kurz auftanken können. Das kann ein Sommergarten ebenso wie eine Berglandschaft oder ein Strand sein.
Versuchen Sie es und seien Sie gespannt auf ein überraschendes Ergebnis!

Übergewicht

Die Forschungen und Studien über die demographische Entwicklung des Übergewichts bei Menschen füllen mittlerweile ganze Archive.
Fakt ist, dass die Anzahl der Übergewichtigen weiterhin steigt.

Als Unternehmer und/oder Selbständiger brauche ich Ihnen über Zeitmangel und falsche Ernährungsgewohnheiten nichts zu erzählen. Man selbst kennt seine eigenen Schwachpunkte meist am besten.
Was genau kann aber die Hypnose in diesem speziellen Fall bewirken und wie geht man vor?

Auch hier liegt es wieder individuell daran, was den Klienten zu seinen Pfunden gebracht hat. Sind es die Süßigkeiten oder die Übermengen, eher das zu schnelle Essen oder die mangelnde Bewegung? Meist doch eine Kombination aus allem.

Je nach Problematik werden durch die Suggestionen die ungeliebten Gewohnheiten verändert. Das Angenehme für den Klienten ist dabei, dass er oder sie zu keiner Zeit das Gefühl hat, sich selbst einzuschränken. Es wird weder etwas verboten, noch eine Komplettumstellung der Ernährung angestrebt. Vielmehr ertappt sich der potenziell Normalgewichtige nach Beginn einer Gewichtsreduktion durch Hypnose immer öfter dabei, dass er nun nicht mehr diese Heißhungerattacken verspürt. Oder dieser immense Appetit, den er von sich kannte, verpufft scheint. Vielleicht bekommt er mit jedem Tag mehr den Drang, sich mal wieder an der frischen Luft zu bewegen und – was nun ganz von allein zu funktionieren scheint – findet auch wieder die Zeit dafür.

Nur einer Illusion sollte sich niemand hingeben: dass er innerhalb von 14 Tagen die angestrebten 15 oder 20 Kilogramm abnimmt. Hypnose kann helfen, aber nicht zaubern. Und in diesen Fällen frage ich mein Gegenüber immer gerne, wie lange er oder sie denn gebraucht hat, um dieses Übergewicht anzuhäufen. Meist war dies ein Prozess über mehrere Jahre. Ich schlage dann freundschaftlich vor, dass wir doch beide sehr zufrieden sein können, wenn er oder sie in maximal der Hälfte dieser Zeit ohne spürbare Einschränkungen eben diese Pfunde wieder los ist.

Das ist gesund, das ist machbar.

Der Praxistipp:

Ein kleiner Schritt um die eigene Essgeschwindigkeit zu drosseln besteht darin, dass Sie versuchen sollten, nach jedem dritten oder vierten Bissen eine kurze Pause einzulegen. Es klingt schwerer, als es ist. Denn alleine schon das kurze beiseite legen des Besteckes reicht völlig aus. Jetzt mit dem Gegenüber ein paar Worte wechseln und dann wieder weiter essen.

Die Wirkung ist gravierend, denn erstens holen Sie sich selbst aus der Hektik des Essens heraus und zweitens stellt sich ganz automatisch nach ca. 20 Minuten im Körper ein Sättigungsgefühl ein – egal, wie viel Sie bis dahin gegessen haben. Dementsprechend werden Sie nur allein durch die Essenspausen mit weniger Nahrung ebenso satt, als würden sie die eventuell 1 ½ – bis zweifache Menge zu sich nehmen. Ein simpler, aber wirkungsvoller Trick.

Es gibt noch viele Beispiele, die hier aufgeführt werden könnten, die für Sie als Unternehmer sehr viel Nähe zu Ihrem Alltag haben. Sei es, dass Sie vielleicht mit Motivationsschwierigkeiten zu kämpfen haben, oder eventuell sogar das Gefühl haben, Ihr Selbstbewusstsein könnte durchaus noch eine Steigerung vertragen.

Ich konnte Ihnen nur einen kleinen Einblick in die zahlreichen Facetten der Hypnotherapie geben. Sollten Sie Fragen bezüglich der Anwendungsgebiete haben, so finden Sie auf meiner Website www.hypnowell.de weitere ausführliche Informationen. Sie können mich auch gerne persönlich kontaktieren. Unter meiner email-Adresse sowie Telefonnummer bin ich zeitnah zu erreichen und bei Interesse können wir gerne einen Termin für ein kostenloses und unverbindliches Vorgespräch vereinbaren

Wandel – eine Konstante unserer Zeit

Herausforderung und Chance für das Personal-Management

Von Henry M. Müller

Für jeden von uns gehört der ständige und rasche Wandel zum Alltag. Ob es die Nachrichten sind, neue Technologien oder die allseits präsente Politik. Zur Zeit steht Globalisierung für die meisten Unternehmen wohl an erster Stelle.

Unsere strategische Herausforderung ist es, den zunehmenden Wandel aufzunehmen und daraus die für uns relevanten, externen Einwirk-Faktoren und die entsprechenden internen Aktions-Felder zu identifizieren. Unsere Chancen liegen darin, die relevanten Veränderungen für das Unternehmen zu erkennen und die Aktivitäten anforderungsgerecht darauf auszurichten.

Ziel ist die Sicherung der Wettbewerbs- und Zukunfts-Fähigkeit des Unternehmens.

Wir alle – Unternehmer, Führungskräfte und Mitarbeiter, also die Menschen in Unternehmen – spüren zur Zeit insbesondere strategischen Druck durch:

- demographischen Wandel
- drohenden Kollaps von bisher als sicher eingeschätzter Systeme
- Einengung unternehmerischen Handelns durch Politik und Bürokratie.
- Negative, generelle Auswirkungen der Globalisierung und
- den zunehmenden Wettbewerb global operierender Unternehmen.

Kleine Ursachen – große Wirkung …

Hierzu einige Beispiele, wie sich aus kleinen Ursachen – den externen Einwirk-Faktoren – bedrohliche, ja existenzielle Herausforderungen entwickeln können, wenn keine adäquaten Reaktionen – aus den internen Aktions-Feldern – generiert werden.

Vor ca. zwei Jahren trat das AGG – das Allgemeine GleichbehandlungsGesetz, besser als Anti-DiskriminisierungsGesetz bekannt – in Kraft. Besondere Reaktionen erfolgten darauf zunächst nicht. GrundGesetz und BetriebsVerfassungsGesetz enthielten ja beinahe gleichlautende Regelungen.

Die ersten Verstöße gegen das Gesetz und deren Ahndung durch nicht unbeträchtliche finanzielle Sanktionen sowie der Missbrauch durch Job-hopper im Bewerbungsprozess führten jedoch zu neuerlicher Aufmerksamkeit und Erkenntnissen.

Nämlich, dass durch dieses Gesetz

- die Vertragsfreiheit erheblich eingeschränkt wird,
- der Unternehmer sich immer in der Rolle des Beklagten wiederfindet,
- die finanziellen Sanktionen ruinöse Höhen erreichen,
- und nicht zuletzt einer unsäglichen Gleichmacherei Tür und Tor geöffnet wird.

Ideologische Interpretation und entsprechend unterlegte Rechtsprechung auf nationaler und europäischer Ebene tun ein Übriges…

Das sieht in der Praxis so aus: "Weibliche" Mitarbeiter fühlten sich beim Personal-Einsatz als Frauen bezüglich der Gleichbehandlung der Geschlechter diskriminiert!

Bei der Besetzung einer Direktorenposition fühlte sich eine Dame übergangen. Sie klagte und führte das statistisch festgehaltene Verhältnis von männlichen und weiblichen leitenden Mitarbeitern als Nachweis für die Diskriminierung an. Ergebnis: Sie erhielt zwar die Position nicht, der eigentliche Ansatz des Gesetzes wurde somit nicht erfüllt. Dafür wurde der Unternehmer zur Zahlung einer Entschädigung für die unterlassene Beförderung und zur Zahlung von Direktoren-Bezügen bis zum Ende der beruflichen Tätigkeit der Mitarbeiterin in dem Unternehmen verpflichtet (FAZ vom Januar 2009).

Besonders krass und deutlich hat sich die zunächst kaum beachtete Krise im Finanz- und Immobilienbereich im fernen Amerika ausgewirkt. Die falsche Reaktion, nämlich die Chance einer lokalen bzw. nationalen Lösung unter Einsatz von nur max. 50 Milliarden, wurde aus egoistischen Gründen verworfen. Die nicht konsequent durchdachten Ursachen und Chancen zur Lösung führten uns in eine bis heute im Umfang nicht realistisch einzuschätzende Welt-Wirtschaftskrise…

Auch uns in Deutschland bleibt die Herausforderung, diese Krise zu meistern. Die erforderlichen Reparaturkosten in zig Milliardenhöhe schmälern unseren eigenen finanziellen Spielraum und sind wohl letztlich von uns Steuerzahlern zu tragen.

Nun, nicht immer lösen Signale und Impulse aus den Einwirk-Faktoren derartige, erdbenhafte Entwicklungen aus. Die Beispiele zeigen aber, dass wir die Einflussfaktoren ständig auf Relevanz für uns überprüfen müssen. Je früher wir auf sie reagieren, umso besser. So erhalten wir uns Gestaltungsspielräume für die Zukunft.

Viele Unternehmer glauben fest daran, schon alles Notwendige für die Zukunfts- und Wettbewerbsfähigkeit zu tun, wenn sie die im engsten Umfeld und Wettbewerb wahrzunehmenden Veränderungen aufgreifen. Wir sollten jedoch gemeinsam unseren Horizont erweitern, unsere Forderungen identifizieren und unsere Chancen umfassend wahrnehmen. Die Kompetenzen und Talente haben wir. Wir sollten diese Stärken gemeinsam entdecken, entwickeln und einsetzen …

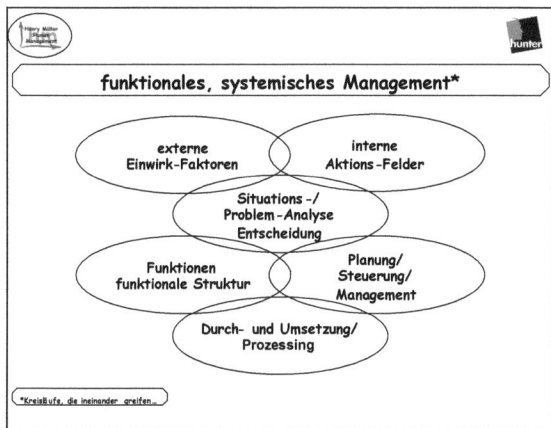

Das Wechselspiel von Einwirkung und Reaktion sieht auf den ersten Blick aufwendig, verwirrend und komplex aus.

Die Aufgabe Herausforderungen zu meistern und in Chancen zu wandeln, lösen wir am besten mit einem systemischen Ansatz.

Die aktuellen und zukünftigen Herausforderungen können wir nur dann meistern, wenn wir die Talente und Kompetenzen aller Mitarbeiter aktivieren und nutzen. Diese zu entdecken, zu entwickeln und einzusetzen und nicht zuletzt auch zu entlohnen und zu erhalten ist Ziel und Aufgabe von Talent- und Profil-Management.

Grundlage und Kapital im globalen Wettbewerb sind und bleiben für uns die Menschen im Unternehmen mit ihren Talenten, ihrer Kompetenz und ihrem Engagement.

Fokus auf Bewährtes und Relevantes

Stärken entdecken, entwickeln und nutzen

Die zahlreichen Einfluss-Faktoren stellen hohe Anforderungen an das Management. Hierbei stehen wesentliche Grund-Aussagen und Maxime im Vordergrund:

- Das "atmende, lebende und funktionierende Unternehmen"
- Erfolgs-Faktor Personal: Zwar als Mythos häufig genannt aber in der Umsetzung in der Personal-Arbeit wenig realisiert
- "mit-arbeiten" und "mit-unternehmen" als Maxime aller Ebenen im Unternehmen durch- und umsetzen;
- ganzheitliche Delegation: von Aufgabe, Kompetenz und Verantwortung
- Leistung fordern und belohnen
- "Bewährtes" auch bewahren
- die "wesentlichen Dinge" tun
- Denken und Handeln anpassen und fokussieren

(Res-)Source Personal

Heute wird Personal-Management häufig durch den Begriff "HR-Management bzw. Human Ressource Management" ersetzt. Hierbei schwingt sehr deutlich der Ansatz "Personal als Kosten-Faktor" mit.

Werte- und Mitarbeiter-orientiertes Personal-Management bevorzugt sicherlich den begrifflichen Schwerpunkt "Source-Management", um zu verdeutlichen, dass Personal, dass die Menschen im Unternehmen "Quelle, Ursprung" jeglicher Entwicklung und Gestaltung sind!

Der Mensch als Quelle jeglichen Denkens und Handelns wird besonders deutlich im Wechselspiel externer Einfluss-Faktoren und interner Aktions-Felder. Mit der ständigen Aufgabe und Herausforderung zu reagieren und einzuwirken, zu planen, steuern und managen...

Dabei sollten wir uns folgende Fragen stellen und beantworten können:

Bezogen auf Management und Führungskräfte:

- Stimmen derzeitige Kompetenzen von Management und Führungs-Team mit den Kern-Kompetenzen des Unternehmens überein?
- Können Management und Führungs-Team die Strategie formulieren und kommunizieren?
- Übernimmt das Management- und Führungs-Team die Vorbild-Funktion?
- Wer sind die Top-Nachwuchs-Talente? Wer gehört ggf. zu den Entwicklungs-Kandidaten?
- Wie werden verfügbare Kompetenzen und Talente im internen und externen Vergleich bewertet und genutzt?

Bezogen auf die Mitarbeiter:

- Wird der Mitarbeiter mit seiner Person und in seiner Funktion wahrgenommen?
- Weiß der Mitarbeiter, was von ihm erwartet wird?
- Ist der Mitarbeiter gemäß seiner Talente, Kompetenzen und Interessen optimal eingesetzt?
- Identifiziert sich der Mitarbeiter mit den "weichen Faktoren", mit Zielsetzung und Strategie des Unternehmens?
- Kann sich der Mitarbeiter im Rahmen der "weichen Faktoren", der Grundsätze und Strategie, entwickeln?

Können wir bereits die wenigen Fragen nicht zufriedenstellend beantworten, so sollten wir gemeinsam – Unternehmer, Management und Mitarbeiter – unsere Aktions-Felder analysieren und gezielter agieren. Fokus auf das Wesentliche, auf unsere Stärken, auf das Machbare sollten Maxime unserer Arbeit sein...

Konzept: Talent- und Profil-Management

Talent- und Profil-Management ist eine neue Strategie, eine übergeordnete Funktion im qualitativen Management des Personal-Bereiches.

Talent- und Profil-Management wird geprägt durch die starke Verknüpfung mit der Unternehmens-Strategie und Unternehmens-Verfassung. Qualifikation, die Talente und Kompetenzen der Mitarbeiter und Führungskräfte stehen im Fokus. Diverse Teillösungen, Konzepte, spezifische Systeme und Instrumente sowie Insellösungen sollten wir überprüfen und in einem ganzheitlichen Konzept koordinieren.

Letztendlich fordern zunehmende Komplexität sowie größeres Daten-Volumen eine stärkere DV-/Software-Unterstützung.

Typische Anforderungen an die Entwicklung des Systems sind:

- Grundlagen-/Zusammenarbeit von Wissenschaft und Praxis intensivieren
- mit der Unternehmens-Strategie und Unternehmens-Verfassung besser koordinieren
- gemeinsamen Pool und gemeinsame Plattform für Qualifikation, für Talente und Profile entwickeln
- Begrifflichkeiten und das "Handling" auf die Anwendung in den Fachbereichen ausrichten

Typische Anforderungen für den Einsatz, die Anwendung des Systems sind:

- die Service-Funktion optimieren und auf unsere internen Kunden, die Mitarbeiter, ausrichten
- Strategie, Funktion, Begrifflichkeiten sowie Anwendung müssen selbstverständlicher und akzeptierter Teil betrieblicher Praxis und Prozess-Steuerung werden
- Qualifikation und Kompetenz müssen nachvollziehbar, mit hoher Akzeptanz und als Ergebnis bzw. Erfolg der eigenen Leistung kommuniziert und erlebt werden
- Die Aktivitäten im Talent- und Profil-Management müssen an den Ort des Geschehens, dort wo Personal-Entwicklung stattfindet, verlagert werden. Der Einsatz und die Nutzung im Fachbereich müssen ebenso sichergestellt sein. Termini müssen an die Kultur und den Sprachgebrauch im Unternehmen angepasst werden.

Als ganzheitlicher Prozess umfasst Talent- und Profil-Management:

- die unternehmens-relevanten Talente und Kompetenzen zu identifizieren und zu definieren
- den aktuellen und zukünftigen quantitativ-qualitativen Bedarf in Form von Wissen, Fähigkeiten und Einstellungen zu planen und steuern
- entsprechende Funktions-/Anforderungs-Profile zu entwickeln, die Mitarbeiter-/Qualifikations-Profile zu ermitteln und durch Abgleich mit den Anforderungs-Profilen die Eignungs-Profile erstellen
- personelle Maßnahmen in Form von Bildung und Personal-Entwicklung sowie alternativen Einsatz zu entwickeln, anzubieten und zu managen.

Talent- und Profil-Management ... die Skill-Datenbank

Dreh- und Angelpunkt von Talent- und Profil-Management sind logischerweise die Anforderungen aus den Funktionen des Unternehmens auf der einen Seite und andererseits die Talente und Kompetenzen der Mitarbeiter und Führungskräfte. Instrumente und Verfahren zur Erstellung bzw. Ermittlung der Profile sind notwendige Grundlagen für die qualitative Planung und Steuerung.

Wenn wir erste Infos und Lösungs-Ansätze für die qualitative Planung und Steuerung suchen, dann erfolgt dies sicherlich in der umfangreichen Fachliteratur und im Internet. Uns, als Unternehmer, Manager, Personal-Verantwortliche bietet sich bei diesen Versuchen ein buntes Bild, ein Kaleidoskop von Konzepten, Systemen und Begrifflichkeiten. Alle verweisen selbstverständlich auf die eigene, einzig relevante Expertise.

So zahlreich uns Kompetenzen auf den ersten Blick erscheinen, liegt die Lösung in einer konsequenten Strukturierung. Ca. fünf bis sieben Kategorien, finden überraschenderweise immer wieder Bestätigung:

- Intellektuelle, kognitive Kompetenz
- Fachliche, methodische Kompetenz
- Sozial-emotionale Kompetenz
- Führungs-/Management-Kompetenz
- Handlungs-/Leistungs-Kompetenz
- Orientierung an Kunden/Märkten/Service.

Abgerundet werden diese Kategorien durch:
- Traditionelle Arbeitstugenden/Grund-Werte
- Unternehmens-Kultur/Unternehmens-Werte.
- Ergebnisse und Wertschöpfung.

Diese Strukturierung erleichtert uns die relevanten Kompetenzen und Talente zu überprüfen, zu identifizieren und in spezifischen Talente- und Kompetenzen-Sets zusammen zu stellen.
Diese Differenzierung der Talente- und Kompetenzen-Sets nach Zielsetzung, Bedarf und Anforderungen des Unternehmens bzw. der Position und Funktion erleichtern uns die spätere Arbeit im qualitativen Bereich.

Mit den unternehmens-spezifischen Talente- und Kompetenzen-Sets ist die qualitative Basis für das Talent- und Profil-Management geschaffen, die unternehmensspezifische Qualifikation formuliert und als strategische Orientierung festgezurrt.
Zwingende und ausschließende Anforderung ist hierbei, dass bei unternehmensweiter Um- und Durchsetzung von Talente- und Kompetenzen-Sets, sich diese Talente und Kompetenzen in allen Instrumenten wieder finden. Auch bei externen Partnern, die ggf. Test-Verfahren durchführen oder Assessment Center begleiten, müssen exakt diese

Talente und Kompetenzen aufgegriffen werden. Hier gilt es konsequent zu selektieren und zu koordinieren.

Die Datenbank sollte ferner noch folgende wesentlichen Informationen und Ergänzungen anbieten:

- Definition der einzelnen Merkmale
- Zuordnung von relevanten Indikatoren – Verhalten und Einstellungen – zu den einzelnen Merkmalen
- Ggf. Erweiterung durch Zuordnung von Eigenschaften und Typen
- Für die Durchführung von strukturierten Interviews sollte ein entsprechender Fragen-Katalog angeboten werden.

Bereits an dieser Stelle wird mehr als deutlich, dass die Vielzahl von Daten und Informationen den Einsatz von DV-/Software-Unterstützung unabdingbar machen.

Wesentliche Schritte, die weiter ins Detail gehen und die bis dato angeführten Daten/Infos im Umfang potenzieren, sind:

- Festlegung der Bedeutung aller Bemessungs-Werte durch Gewichtung
- Bewertung der Kompetenzen als Ausprägung in Form einer Skalierung. Sowohl für Gewichtung als auch Ausprägung bietet sich eine 10er-Skalierung, in Anlehnung an das Dezimal-Stellen-System, an
- Ranking- und Matching-Funktion. D.h. eine Auswertung und Dokumentation der Kandidaten nach dem Grad der Erfüllung auf Basis des Eignungs-Profils.

Die neue Herausforderung eines Werte- und Mitarbeiter-orientierten Talent- und Profil-Management stelle ich folgerichtig unter die Maxime

**Menschen in Unternehmen
unser Human Kapital und Erfolgs-Faktor.
Stärken entdecken, entwickeln, einsetzen
mit Profil gewinnen**

„Die Kraft der Gedanken"

Von Susanne Siegmund

Die Geschichte vom Hammer

Ein Mann will ein Bild aufhängen. Den Nagel hat er, nicht aber den Hammer. Der Nachbar hat einen. Also beschließt unser Mann hinüberzugehen und ihn auszuborgen. Doch da kommt ihm ein Zweifel: Was, wenn der Nachbar mir den Hammer nicht leihen will? Gestern schon grüßte er mich nur so flüchtig. Vielleicht war er in Eile. Aber vielleicht war die Eile nur vorgeschützt, und er hat etwas gegen mich. Und was? Ich habe ihm nichts angetan; der bildet sich da etwas ein. Wenn jemand von mir ein Werkzeug borgen wollte, ich gäbe es ihm sofort. Und warum er nicht? Wie kann man einem Mitmenschen einen so einfachen Gefallen abschlagen? Leute wie dieser Kerl vergiften einem das Leben. Und dann bildet er sich noch ein, ich sei auf ihn angewiesen. Bloß, weil er einen Hammer hat. Jetzt reicht's mir wirklich. Und so stürmt er hinüber, läutet, der Nachbar öffnet, doch bevor er „Guten Tag" sagen kann, schreit ihn unser Mann an: Behalten Sie Ihren Hammer, Sie Rüpel!"

Sicherlich haben Sie bereits erkannt, worauf ich mit dieser Geschichte hinaus will. Auf das Thema

„Die Kraft der Gedanken"

Heute, im 21. Jahrhundert, ist es den meisten Menschen – auch den Skeptikern – durchaus bewusst, wie viel Einfluss unsere Gedanken auf unser Verhalten und somit auf unser ganzes Leben haben.
Die Frage ist also nicht ob, sondern, wie können wir „die Kraft unserer Gedanken" so nutzen, dass sie sich positiv auf unser Verhalten und damit auf unsere Ziele und Wünsche, ja unser ganzes Leben auswirken.
Die zweite – noch wichtigere Frage – ist, wie gehe ich mit meinen Zweifeln um und wie „programmiere" ich mich und meine Gedanken immer wieder positiv.

Der Mensch denkt durchschnittlich 60.000 Gedanken täglich! Davon sind:	
72%	flüchtige, unbedeutende Gedanken, die nur vergeudete Zeit und Energie sind.
25%	destruktive Gedanken, die Dir selbst oder anderen schaden
3%	aufbauende, hilfreiche Gedanken, die Dir selbst oder anderen nützen

Unsere Gedanken können wir sowohl in die Eine als auch in die andere Richtung lenken und einsetzen. Wichtig ist zu wissen, dass Gedanken zu Gefühlen werden, Gefühle werden zu Worten, Worte werden zu Verhalten/Haltung bzw. Taten.

Wir selbst treffen die Entscheidung, haben also die Wahl.

Vor allem müssen wir uns jederzeit im Klaren darüber sein, dass alle Gedanken, die wir jemals gedacht und von anderen gehört haben, in unserem Unterbewusstsein gespeichert werden. Das heißt auch, dass die Gedanken, die ständig wiederkehren, immer wieder zu überprüfen sind, denn:

> ## Wiederholung von Gedanken verstärkt –
> ## Nichtbeachtung befreit!!

Wenn sich also bei jeder Gelegenheit in unseren inneren Dialog negative Ansichten über uns, unsere Mitmenschen oder die Welt einschleichen, dann prägt dies unser Bild der Welt. Durch die ständige Wiederholung festigt und verstärkt sich unser Denken und wird zur Gewohnheit. Arbeiten unsere Gedanken z.B. immer wieder mit dem Satz: „Das kann Ich nicht"', dann werden wir auch entsprechende Erfahrungen machen, dann können wir es eben nicht.

Und somit sind negative Gedanken häufig, wenn nicht sogar immer mit Stress verbunden.

Die Geschichte mit dem Hammer zeigt deutlich, welche Auswirkungen unsere Gedanken auf unsere Gefühle, körperliche Empfindungen und auf unser Verhalten haben. Sicherlich ist jedem von uns schon einmal Ähnliches widerfahren und deshalb ist uns allen – selbst den Skeptikern unter uns – diese Tatsache durchaus bewusst. Und dennoch ist es nicht immer leicht, unsere Gedanken in positive Bahnen zu lenken und unsere Zweifel wegzuwischen. Doch verändert sich unser „Bild der Welt", wenn wir unsere Gedanken, unseren inneren Dialog, positiv verändern? Gerade zu Beginn unserer Arbeit mit der Kraft positiver Gedanken fallen wir oftmals in alte Denk- und Verhaltensmuster zurück. Hilfreich sind hier einfache und praktische sowie rationale Übungen. Eine dieser praktischen Übungen, die wir bereits aus dem täglichen Leben kennen, ist das bewusste Aufräumen unserer Gedanken.

So, wie wir unseren Schreibtisch am Ende des Tages aufräumen, können wir auch täglich unsere Gedankenhygiene durchführen.

Schauen wir uns den zurückliegenden Tag an, reflektieren uns und stellen fest, welche Gedankenmuster uns positiv bzw. negativ beeinflusst haben.

Allein dadurch können wir unser Verhalten schon verändern, Stressfaktoren mildern und beseitigen.

Stellen wir uns also täglich die folgenden Fragen:

Was habe ich heute gedacht und was kann ich daraus lernen?
Welche positiven Gedanken haben mich weitergebracht?
Welche negativen Gedanken haben mich heute blockiert und will ich künftig ausschalten?

Zusätzlich sollten wir uns noch die Planung für den nächsten Tag ansehen und uns mental auf die kommenden Aufgaben positiv einstimmen. Dies dauert nur ein paar Minuten und die positiven Gedanken werden im Schlaf in unserem Unterbewusstsein gespeichert.
Verstärken können wir den Vorgang positiver Selbstbeeinflussung, indem wir unsere Gedanken und Ziele für den kommenden Tag zu Papier bringen und diese am Morgen (vielleicht bei einer guten Tasse Kaffee) zur Einstimmung für den Tag nutzen.

Mit der Zeit fällt uns das eigene Programmieren immer leichter und wird zu einer Selbstverständlichkeit, so dass wir uns – wenn überhaupt – nur noch kurzfristig entmutigen lassen.

Ich empfehle Ihnen hierzu die:

„Vier Stadien des Lernens":

1. Un-Bewusste In-Kompetenz
Wir machen etwas falsch und es ist uns nicht klar, dass es falsch ist.
(Z. B. wir kommen immer zu spät und wissen nicht, dass dies falsch ist bzw. was daran falsch ist)

2. Bewusste In-Kompetenz
Wir machen etwas falsch, bemerken jedoch auch, dass es falsch ist.
(Z. B. wir kommen immer zu spät, sind uns auch bewusst, dass wir zu spät sind, vielleicht auch durch das Aufmerksammachen anderer und verstehen auch, was an unserem Zuspätkommen falsch ist).

3. Bewusste Kompetenz
Wir beobachten uns permanent, damit wir nichts falsch machen.
(Z. B. wir beobachten uns permanent und gehen rechtzeitig los, damit wir pünktlich sind, evtl. wenden wir kleine Tricks an, z. B. stellen wir uns einen Wecker oder wir stellen unsere Uhr fünf Minuten vor)

4. Un-Bewusste Kompetenz
Wir machen es unbewusst richtig.
(Z. B. Ganz automatisch gehen wir rechtzeitig los und sind pünktlich, jetzt brauchen wir keine kleinen Tricks mehr).

Unsere Gedanken entscheiden z.B. darüber, was wir leisten können und ob wir erfolgreich sind. Sie setzen Energien frei, die das Unmögliche wahr werden lassen.

Ein gutes Beispiel ist Niki Lauda, der Formel 1 Rennfahrer, der bekanntlich aus einer reichen Bankierfamilie stammt und dennoch keinen Pfennig Geld zur Verfügung hatte, um seinen Traum, Rennfahrer zu werden, zu verwirklichen. Sein Großvater, der Patriarch der Familie, hatte alle seine Beziehungen spielen lassen, damit sein Enkel keinen Kredit bekam. Niki Lauda jedoch ließ sich nicht entmutigen und erreichte seine Ziele, weil er niemals aufgegeben hat. Er war sich sicher, dass er es schaffen würde, hat fest daran geglaubt, und seine positive Einstellung hat zum Erfolg geführt.

In den Biographien außergewöhnlich erfolgreicher Menschen finden wir immer wieder das gleiche Schema:
Es ist eine starke Vision vorhanden, der feste Glaube an die eigenen Fähigkeiten und eine positive Grundeinstellung.

Ganz sicher haben allerdings auch diese erfolgreichen Menschen hin und wieder Zweifel. Gibt es einen Weg aus den Zweifeln und Negativgedanken heraus? Wenn ja, welchen?

Dazu eine kleine Übung:

Zitronenübung
Sie können Ihre Augen offen lassen oder schließen (vielleicht haben Sie jemanden, mit dem Sie die Übung gemeinsam machen können), ziehen Sie einfach Ihre Aufmerksamkeit zur Entspannung etwas nach innen. Atmen Sie tief ein und aus.

Stellen Sie sich vor Ihrem inneren Auge eine saftige gelbe Zitrone vor …
Sie halten die saftige gelbe Zitrone in Ihrer Hand …
Sie spüren die raue Schale …
Zaubern Sie sich nun ein Messer in die andere Hand und schneiden damit die Zitrone in zwei Hälften …
Der Saft fließt an der Schnittstelle über das Messer …
Sie riechen den Zitronenduft …

Nehmen Sie nun wieder einen kräftigen Atemzug und kehren Sie in die Wirklichkeit zurück.

Was ist passiert?

Haben Sie die saftige gelbe Zitrone gesehen?
Haben Sie die raue Schale in Ihrer Hand gespürt?
Haben Sie den Zitronenduft gerochen?
Ist Ihnen das Wasser im Munde zusammen gelaufen?

Unsere stärkste mentale Kraft ist die Imagination, d.h. sich mit allen Sinnen eine Situation vorzustellen.

Die fünf Sinne, die unsere mentale Kraft verstärken, sind:

V   -   Visuell (sehen)
A   -   Auditiv (hören)
K   -   Kinästhetisch (fühlen)
O   -   Olfaktorisch (riechen)
G   -   Gustatorisch (schmecken)

Das Visualisieren ist sicher unsere stärkste mentale Kraft. Unsere inneren Bilder versetzen uns in die Lage, Luftschlösser zu bauen. Ohne unsere inneren Bilder, unsere Visionen, gäbe es keine äußeren Bilder, also auch keine Burgen und Schlösser, keinen Eiffelturm oder wunderschöne Brücken.

Zweifeln Sie an Ihrer Vorstellungskraft? Dann nutzen Sie doch einfach die Fähigkeit so zu tun als ob. Immerhin sind von den 60.000 Gedanken die wir täglich denken, viele bebildert. Nehmen Sie die schönen Bilder und erzählen sich dazu eine angenehme, fröhliche oder erfolgreiche Geschichte. Schauspieler arbeiten mit dieser Fähigkeit ständig. Robert de Niro verdankt seinen Weltruhm sicherlich auch seiner aktiven Vorstellungskraft, seinem
„So–tun–als-ob". Eine schöne Geschichte ist seine Rolle in dem Film „Die Unbestechlichen". Robert de Niro trug schon Wochen vor Filmbeginn die Kleidung der Gangster von damals und tigerte durch die Filmstudios. Bei diesen „Ausflügen" soll er immer wieder gemurmelt haben: „Das alles gehört mir, das alles gehört mir, das alles gehört mir, das alles gehört mir…"

Erinnern Sie sich an Dinge, z.B. Hausarbeit, die ungeliebte Steuererklärung, die Ihnen keinen Spaß machen und mit wieviel Widerwillen Sie ans Erledigen gehen. Ganz im Gegensatz zu den Dingen, die Ihnen Spaß machen. Wie locker, leicht und begeistert gehen Sie diese Dinge an. Sehen Sie das Positive an der Hausarbeit und sie macht vielleicht sogar Spaß.
Tauchen Sie ein in Ihre Visionen, nutzen Sie Ihre Vorstellungskraft und verankern das Bild oder Gefühl zur Umsetzung.

Positives Denken bzw. das Visualisieren unserer Wünsche bzw. Ziele können wir erlernen wie ein Handwerkzeug.

Erkennen – trainieren – verändern

Allein die Erkenntnis über unsere negativen Gedanken nützt nichts. Nur durch Training können wir unser Denken verändern und dabei dürfen wir Geduld mit uns haben, denn jede Veränderung dauert selbst bei ständigem Training ca. drei bis sechs Monate.

Mentaltrainer können dabei ein guter „Beschleuniger" sein und Sie schneller zum Erfolg führen.

Die Methoden sind vielfältig, sie reichen über Gesprächstechniken, sowie Rollenspiele und praktische Übungen bis hin zu Formaten, die tief ins Unterbewusstsein reichen.

Sportler haben dies schon vor langer Zeit erkannt.

Spätestens seit Boris Becker weiß jeder, welchen Einfluss mentale Stärke auf den Erfolg hat. Einer seiner Leitsprüche heißt:

„Der Sieg findet im Kopf statt"

Boris Becker wusste, wovon er sprach.
Denken wir an seine großen Spiele zurück, erkennen wir jetzt sofort, welche Tools er eingesetzt hat, um sich neu bzw. positiv zu programmieren.
Zum Sammeln oder Konzentrieren versteckte er sich kurz unter seinem Handtuch.
Ein weiteres Ritual war die Banane, die ihm zusätzlich körperliche Energie gegeben hat. Bei verlorenem Satz wechselte er das Hemd, um Negativgedanken abzustreifen. Mit dem berühmten „Ballen der Faust" verankerte er das positive Gefühl bei einem gewonnenen Satz.

Ich möchte Ihnen Mut machen, sich mit der Kraft der positiven Gedanken intensiv zu beschäftigen, nutzen Sie alle Möglichkeiten, sich und Ihr Unterbewusstsein zu programmieren, um Ihre mentale Stärke weiter zu entwickeln und dadurch erfolgreicher und zufriedener zu werden.

Der einzige Weg, die Zukunft vorauszusagen, ist der, sie selbst zu gestalten.

7 Tipps zur Wirkungssteigerung Ihrer Multimediapräsentation

Wie Sie mit einer professionellen Präsentation erfolgreicher sind und einen Imagegewinn erzielen

Von Matthias Garten

Von
drauß'
von Griesheim
komm ich her,
ich muss euch sagen,
man präsentiert immer mehr.

Allüberall auf den Tannenspitzen
sah ich helle Beamer blitzen;

Und wie ich so strolcht durch den finsteren Tann,
da rief's mich mit heller Stimme an:
"Meister Garten", rief es, "alter Gesell,
check´ meine Präso, aber schnell!

Ich sprach: "O lieber Herr Präsentator, meine Reise fast zu Ende ist;
ich soll nur noch in diese Stadt, wo's eitel schlechte Präsentationen hat."

"Hast denn Ideen auch bei dir?" Ich sprach:" Pfiffige Ideen, die sind hier.
denn spannende Präsos, sieht man gern".

Er sprach: "So ist es recht,
so geh mit Gott,
mein guter
Knecht!"
[2]

Wie im Gedicht beschrieben, hat die Anzahl der PowerPoint-, Keynote- und multimedialen Präsentationen in den letzten fünf Jahren drastisch zugelegt. Angefangen in der Schule bis hin zu großen Konferenzen – überall wird präsentiert.

---

[2]
Das Gedicht entstand in der Weihnachtszeit und sollte das Thema Präsentationen fokussieren.

Die Gründe sind vielfältig: zum einen auf der technischen Ebene, z.B. der relativ „einfachen" Bedienung der Präsentationsprogramme und zum anderen auf der psychologischen Ebene. z. B. der Spaß an der Erstellung einer Präsentation (Motivation, Kreativität), auch das Gefühl, etwas schnell selbst erstellen zu können (Sicherheit, Vertrauen in die eigenen Fähigkeiten) oder auch das Gefühl, zu einer Gruppe von Menschen zu gehören, die am Puls der Zeit ist (Status, Zugehörigkeit). Das alles sind Motive, die Präsentationsersteller beflügeln. Im privaten Bereich oder auch in Bereichen, wo es nicht auf Wirksamkeit von Präsentationen ankommt, spielt es keine große Rolle, mit welchem Kenntnisstand die Präsentationen erstellt wurden.

Überall dort, wo es um positive Imagewirkung, nachhaltigen Wissenstransfer, umsatzstarken Verkauf, erfolgreiches Marketing oder auch wichtige Projekterfolge geht, ist es notwendig, sich intensiver mit der Präsentationstechnik und -erstellung nicht nur auf der technischen Ebene, sondern auch auf der konzeptionellen, rhetorischen, gestalterischen und psychologischen Ebene zu beschäftigen. Aus meiner über 15-jährigen Erfahrung im Bereich Präsentationserstellung kann ich sagen, dass die technische Ebene meistens schnell gelernt und beherrscht werden kann. Dagegen lerne ich noch heute auf den anderen Ebenen dazu.

Nichts ist schlimmer als ein langweiliger Vortrag – Sie kennen das sicherlich -, vor allem, wenn der Vortragende mit einschläfernder Stimme doziert. Noch schlimmer wird es, wenn dann noch textüberfüllte Präsentationsfolien hinzukommen. Gar grausig, wenn der Vortrag spannend beginnt und dann immer mehr abflacht.

Haben Sie sich schon mal die Frage gestellt, was Sie nach einer Präsentation behalten haben, z.B. nach einer Woche oder sechs Monaten? Oder fragen Sie sich einfach mal, was hat mir der Vortrag jetzt gegeben? Welchen Nutzen kann ich daraus ziehen?

Da ich mich mit diesen Fragen nahezu täglich beschäftige und Referenten berate, wie sie es besser machen können, habe ich im Folgenden sieben Tipps zusammengestellt, die Ihnen helfen sollen, Ihre Präsentationen zu optimieren und Ihre Präsentationsziele (sofern denn welche definiert sind) besser zu erreichen.

Grundlage

Zunächst eine wichtige Voraussetzung, die Sie einmal reflektieren sollten.

Eine Präsentation besteht immer aus drei Teilen:

1. Inhalt
2. Person
3. Medien

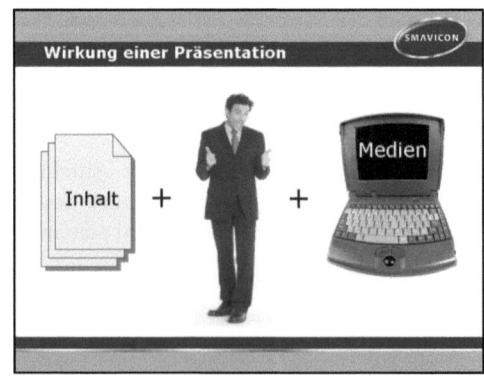

Zum Inhalt gehören neben der reinen Information (Texte) auch Dramaturgie (Spannungskurve), Didaktik (Inhalt + Ziel), roter Faden, Argumentationsstrang, Rhetorik, Dialektik und weiteres.

Die Person ist das zentrale und wichtigste Element einer Präsentation. Ohne den wirkungsvollen Auftritt des Referenten sinkt Glaubwürdigkeit, Sympathie und Überzeugungskraft.

Die Medien, wie z.B. PowerPoint-Präsentationen mit Laptop und Beamer, Flipchart, Pinnwand, Moderationskarten, Whiteboard, usw. dienen der Unterstützung des Vortragenden und haben darüber hinaus noch eine weitere Funktion. Hier eine Auswahl:

- **Zeit während eines Vortrags sparen**, z.B. kann ein Videoclip innerhalb von Sekunden einen Zusammenhang vermitteln, der andernfalls Minuten dauern würde
- **Anschaulichkeit verbessern**, z.B. ein Grundriss eines Hauses oder den Querschnitt eines Automotors
- **Realitäten abbilden**, z.B. ein roter Apfel, ein Foto-Model u.a.
- **Stimulanz erzeugen**, z.B. ein wunderschöner Sonnenuntergang oder ein Comic-Witz
- **Behaltensleistung verbessern**, z.B. Zusammenhänge oder Grafiken
- **Informationen dokumentieren**, z.B. Handzettel

Medien sind auch deshalb wichtig, weil viele Menschen über unterschiedliche Sinneskanäle, z.B. Sehen, Hören, Fühlen, lernen. Medien unterstützen dabei die Lernkanäle Sehen und Hören.

Freuen Sie sich nun auf sieben Tipps, wie Sie Ihre Präsentationswirkung steigern können. Ich beziehe mich dabei auf zwei der dargestellten Bereiche nämlich Inhalt und insbesondere auf das Medium Multimediapräsentation.

Sieben Tipps zur Steigerung der Wirkung

Um erfolgreicher zu präsentieren, sollten Ihre Präsentationen die folgenden sieben Eigenschaften besitzen:

1. zuschaueransprechend (Zielgruppe)
2. strukturiert (Konzeption/Dramaturgie)
3. verständlich (Mediendidaktik)
4. einprägsam (Nachhaltig)
5. einheitlich (Gestaltung)
6. überzeugend (Metaphern)
7. begeisternd (Spezialpräsentationen)

Tipp 1:
Gestalten Sie Ihre Präsentationen zuschaueransprechend

Richten Sie den Inhalt und die grafische Aufbereitung an Ihren Zuschauern aus.
Dazu sollten Sie sich mit den Motiven, den Eigenheiten, dem Wortschatz und den Konventionen der Zielgruppe, d. h. Ihrer Zuschauer, beschäftigen.

Was interessiert die Zielgruppe?
Was motiviert die Zielgruppe, was demotiviert die Zielgruppe?
Welches Vokabular können Sie verwenden, z.B. Fachvokabular, Fremdwörter, …?
Was sind Do´s und Don´ts?
Wie können Sie Ihr Thema und Ihr Präsentationsziel für die Zuschauer schmackhafter machen?
Welche Analogien gibt es, die zur Zielgruppe passen?

Tipp 2:
Gliedern und strukturieren Sie Ihren Inhalt und schaffen Sie eine Dramaturgie

Dieser Bereich ist sehr umfangreich. Es gibt dazu unendlich viel Literatur und Unterlagen. Zum Beispiel die Fünfsatz-Technik, die schon von Aristoteles eingesetzt wurde oder auch die 2-Plot-Methode, die sehr häufig in Hollywood-Produktionen zu finden ist. Welche Methode die Richtige ist, ist abhängig vom Thema, vom Präsentationszweck und vom Präsentationsziel. Eine generelle Aussage kann nicht getroffen werden.

Einsteigern empfehle ich daher immer einfache Methoden, wie z.B. die Modul-Technik oder die 7-W Fragetechnik zu verwenden.

Die **7-W Fragetechnik** kommt aus dem Journalismus und beinhaltet sieben Fragen:

Wer?
Was?
Wo?
Wann?
Wie?
Warum?
Welche Quelle?

Hier ein Beispiel für eine **Unternehmenspräsentation**:

Wer?	Wer sind wir?
Was?	Was bieten wir an? Was ist unser Geschäft?
Wo?	Wo haben wir Standorte / Verkaufsstellen / usw. ?
Wann?	Seit wann gibt es uns? (Historie)
Wie?	Wie arbeiten wir? (Philosophie, Qualität,…)
Warum?	Warum sollten Kunden mit uns arbeiten?
Welche Quelle?	Welche Referenzen haben wir?

Für viele Zuschauer ist es wichtig zu wissen, wie die Präsentation strukturiert ist. Sie wollen erkennen, wie ist die Präsentation aufgebaut. Es gibt ihnen das Gefühl, dass sie eher verstehen, worum es geht und die Sicherheit, dass der Referent sich vorbereitet und etwas dabei gedacht hat.

Tipp 3
Erhöhen Sie die Verständlichkeit – Reduzieren Sie die Komplexität

In der Pädagogik gibt es ein paar Grundregeln, die auch bei Präsentationen nützlich sind, z. B.:

1. Erst über das **Problem** sprechen, dann die **Lösung** bringen. In vielen Präsentationen wird entweder nur über Probleme oder nur über Lösungen gesprochen. Achten Sie darauf, dass Sie beides bringen.
2. Das **Einfache** von dem **Schweren** und das **Konkrete** vor dem **Abstrakten**. Denken Sie an die Mathematik. In der Grundschule lernen Sie das Rechnen zunächst mit Äpfeln. Dann werden aus den Äpfeln Zahlen. In der Mittelstufe werden aus den Zahlen dann kleine Buchstaben, die für die Variablen stehen. In der Oberstufe werden die Variablen und Zahlen immer komplexer, z.B. die Menge der imaginären Zahlen. In der Hochschule gibt es in einigen Studiengängen dann nur noch große Buchstaben, die für Matrizen stehen.
3. Bringen Sie das **Bekannte** vor dem **Neuen**. Zum Beispiel:
   Frage: „Was ist Blu-Ray?" Anwort: „Jeder von Ihnen kennt DVDs. Blu-Ray ist die Weiterentwicklung der DVD. Auf einer Blu-Ray Disc können fünfmal soviel Daten wie auf einer DVD gespeichert werden. Damit ist es möglich, Filme in einer neuen Bildqualität anzuschauen. Schauen Sie sich einfach mal den Unterschied auf dem folgenden PowerPoint-Chart an."
4. Das **Allgemeine** vor dem **Besonderen**. Zum Beispiel wird erst Europa gezeigt, dann Deutschland und dann der Ort.

Tipp 4
Schaffen Sie Bilder, Geräusche oder Geschichten, die sich bei Ihren Zuschauern positiv einprägen

Viele gute Redner schaffen es, ohne Medien Bilder oder Geschichten im Kopf des Zuschauers zu erzeugen. Interessant ist nur, dass bei haptisch oder visuell geprägten Menschen, diese Bilder und Geschichten schnell wieder vergessen werden. Vielleicht hängt es damit zusammen, dass die Informationen auditiv ins Gehirn gelangt sind.

Einfacher haben Sie es, wenn Sie solche Elemente in Ihrer Multimediapräsentation integrieren. Mein Tipp: Zeigen Sie viele Bilder und Geschichten. Kognitions-Psychologen haben ehedem festgestellt, dass Bilder fünf bis zehn Mal besser behalten werden als Wörter oder Texte.

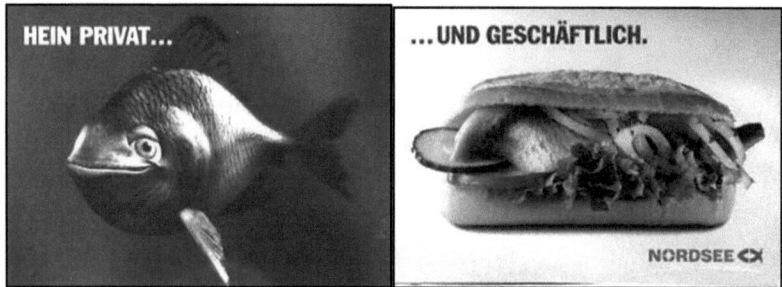

Tipp 5
Gestalten Sie Ihre Multimediapräsentationen einheitlich

Der Designer spricht von Corporate Design. Das Corporate Design schafft die Basis für Professionalität und gibt der Präsentation eine Durchgängigkeit.

Hier exemplarisch ein paar wichtige Regeln für Ihre Präsentationen:

- Definieren Sie ein bis zwei Schriftarten und benutzen Sie nur diese und keine anderen Schriftarten in der Präsentation
- Arbeiten Sie immer mit den gleichen Schriftgrößen
- Positionieren Sie Ihre Überschriften immer an der gleichen Stelle, mit der gleichen Schriftart, -farbe und -größe
- Drehen Sie Wörter oder Texte nicht um 90°.
- Bleiben Sie in einer vorher definierten Farb- und Bilderwelt, z.B. nicht Cliparts mit Echtbildern mixen, nicht auf jeder Seite die Schriftfarbe wechseln, usw.
- Lassen Sie das Logo immer an der gleichen Stelle

Achten Sie einfach mal bei einer der nächsten Präsentationen auf die genannten Punkte.

Tipp 6
Gestalten Sie Ihre Präsentationen überzeugend

Ein Überzeugungsverstärker sind Metaphern. Metaphern sind Analogien, die Zusammenhänge einfacher erklärbar machen und länger im Gedächtnis des Zuschauers haften bleiben. Metaphern können Bilder sein und auch sogenannte Meta-Botschaften transportieren.

Bewährt hat es sich, dabei in vier Schritten vorzugehen:

1. Schreiben Sie die Inhalte als Text auf die Folie
2. Legen Sie die Botschaft der Folie fest.
3. Kopieren Sie den Text in die Notizseiten von PowerPoint (Keynote).
4. Reduzieren Sie den Text auf der Folie auf das Wesentliche bis hin zu Stichworten – die Notizseite hat immer noch den vollständigen Text
5. Prüfen Sie, wie Sie den Text auf der Folie bebildern oder multimedialisieren können, so dass die Botschaft visuell verankert werden wird.

Schritt 1 und 2
Das Beispiel in der folgenden Abbildung basiert auf einer Präsentation, die wir für den EnterTrainer Alexander Munke erstellt haben, und zeigt Schritt 1 und 2, d.h. Inhalte und Botschaft werden festgelegt.

Interessant ist dabei auch, dass die meisten Präsentationsersteller an dieser Stelle mit der Gestaltung aufhören. Häufig mit der Begründung, da ist kein Platz mehr für ein Bild.

Ohne diese drei läuft nichts

- Als gute Führungskraft wissen Sie, dass die folgenden Parameter zusammen gehören und ineinander greifen:
  – Verbindlichkeit,
  – Vereinbarungen und
  – Management
- Gibt es Probleme bei einem Parameter funktionieren die anderen auch nicht mehr und es stockt überall

Botschaft: Das zwingende Zusammengreifen von drei Führungsfähigkeiten transportieren

Schritt 3 und 4

Im nächsten Schritt werden die Texte reduziert. In unserem Beispiel lässt sich feststellen, dass lediglich drei Wörter interessant sind. So lässt sich die starke Vereinfachung begründen. Den Rest des Textes wird auf die Notizseite verschoben.

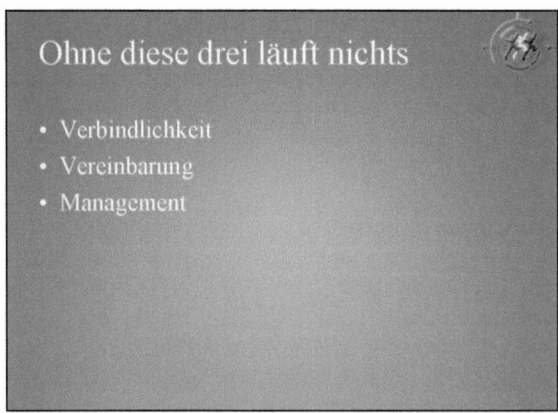

Schritt 5

Nun ist Kreativität gefragt. In unserem Beispiel haben wir, d.h. mein Team und ich überlegt, wie man einleuchtend zeigen kann, dass alle drei Parameter einerseits *zusammengehören* und andererseits miteinander *verzahnt* sind. So kam es zur Wahl der Zahnräder, die sehr plakativ symbolisieren, dass alles nur funktioniert, wenn alle Zahnräder sich drehen können.

Tipp 7
Je mehr Sie den Zuschauer beeindrucken, desto besser bleiben Informationen in seinem Gedächtnis haften

Wir wissen, dass starke Emotionen längerfristig im Gedächtnis verankert werden. Folgerichtig macht es Sinn, bei wichtigen Präsentationen Gefühle zu erzeugen.

Wenn Sie das mit einer Multimediapräsentation erreichen wollen, müssen Sie „klotzen". Zum Beispiel mit einer 3D-Stereo-Präsentation, einer Wide-Screen-Präsentation, einer Laser-Show oder etwas anderem.

Ein Weg, um Emotionen zu erzeugen, sind innovative Techniken, die es noch nicht lange auf dem Markt gibt. In den letzten zehn Jahren habe ich immer wieder Jahr für Jahr nach solchen Präsentationstechniken gesucht. Zum Teil habe ich etwas gefunden und zum Teil auch entwickeln lassen.

Mein Tipp an dieser Stelle, schauen Sie einfach mal, dass Sie anders präsentieren als alle anderen. Damit haben Sie eventuell schon das Innovative.

Falls nicht, gibt es noch das Internet oder checken Sie einfach mal meine bzw. unsere Homepages www.smavicon.de oder www.smavicon.eu und stöbern nach neuen Präsentationsmöglichkeiten.

Schlussgedanken

Liebe Leser, Sie haben jetzt sieben Profi-Tipps von mir erhalten. Ich habe versucht, meine Präsentationserfahrung der letzten 15 Jahre zu kondensieren – das ist quasi „Das Wissen in einer Nussschale". Mir ist allerdings auch heute schon klar, dass die Entwicklung weitergeht und auch Präsentationstechniken immer feiner und diffiziler werden.

Der wichtigste Tipp, den ich Ihnen heute schon für die Zukunft mitgeben kann, sind die fünf As:

Alles Anders Als Alle Anderen

Präsentieren Sie nicht immer so, wie die anderen präsentieren, sondern machen Sie es anders! Das hebt Sie ab und Sie bleiben in Erinnerung. Das gilt nicht nur für den Inhalt, für die Medien, sondern auch für Sie als Referent.

Ich würde mich freuen, Sie bei einem meiner Vorträge begrüßen zu dürfen. Sprechen Sie mich ruhig an oder mailen Sie mir, ich freue mich auf Sie.

Viel Erfolg bei Ihren Präsentationen

Ihr

Matthias Garten

Sprechen – Sprache - Stimme

Ausdruck und Teil der Persönlichkeit des Menschen

Von Joachim G. Beyer

Vorwort

Menschen in allen beruflichen Positionen sind auf ihre Stimme, ihre Möglich- und Fähigkeiten zum Sprechen angewiesen, um sich auszudrücken. Wünsche, Bedürfnisse, Fragen und auch Probleme teilen wir fast ausschließlich über Sprache (incl. Körpersprache), das Sprechen, die Stimme mit und dies (verbal und non-verbal) auf unsere ganz individuelle und persönlich gefärbte Art und Weise (Mit-Teilung). Diese Art und Weise ist von verschiedenen Faktoren beeinflusst und geprägt, die Stimme ein sehr empfindsames UND auch empfängliches Organ für äußere und innere Einflüsse und auch für unterschiedliche Stimmungen und psycho-physische Zusammenhänge. Die individuelle Art des Sprechens und mit der Stimme umzugehen, hat auch (z.B. gerade am Telefon) den größten Einfluss beim sogenannten wichtigen „ersten Eindruck". So stellen sich die meisten Menschen am Telefon durchaus ein Gesicht oder andere spezielle Merkmale und Eigenschaften ihres Gesprächspartners vor bzw. schreiben ihm oder ihr bestimmte Eigenschaften und Persönlichkeitsmerkmale zu. Dieser Vorgang geschieht überwiegend un- bzw. unterbewusst.

Doch wie gehen wir (meistens) mit diesem so wichtigen Thema und dem Organ selber um? Solange alles einigermaßen „funktioniert", kümmern wir uns relativ wenig um die Stimme, das Sprechen, die Sprache, den Ausdruck. Rühmliche Ausnahme sind vielleicht Rhetorikschulungen, die allerdings mit einer anderen Zielstellung (z.B.: Verbesserung der Argumentation in Vortrag und Verhandlung) besucht werden.

Im beruflichen Bereich

Im beruflichen Bereich kommt es nun in besonderem Maße (und ich meine auch: mehr als früher) darauf an, mit Menschen eine gute Art der Kommunikation und des Umgangs allgemein zu pflegen. So spielt sich, viel mehr als noch vor 10 – 20 Jahren, ein größerer werdender Teil der Kontakte, Gespräche, Besprechungen über das Telefon, evtl. auch Videokonferenzen etc. ab. Außerdem wird es zunehmend wichtiger, nicht nur Geschäftspartner, Kollegen und auch Vorgesetzten, sondern auch in Partnerschaft und Familie „mit (wenigen?) Worten" von Ideen und Zielen zu überzeugen.

Den Führungskräften (unabhängig von Hierarchieebene, Bereich und auch Branche) – kommt dabei eine ganz besondere Aufgabe und Verantwortung zu.

Denn: Führungskräfte müssen zur erfolgreichen Gestaltung ihres Aufgabenfeldes,

- Mitarbeitergespräche im Sinne von Entwicklungsgesprächen führen
- Mitarbeiter und auch Kollegen von (neuen, evtl. unpopulären) Zielen und Entscheidungen überzeugen

- Besprechungen und evtl. auch größere Versammlungen zielorientiert leiten und dabei auch
- Konflikte ansprechen und diese möglichst schnell und effektiv klären und lösen helfen
- Präsentationen durchführen
- Mitarbeiter einarbeiten, instruieren, anleiten, motivieren, beurteilen, usw.
- Vorträge halten, evtl. auch vor einem großen Zuhörerkreis
- und vieles andere mehr

Die Stimme und das Sprechen sind dabei DIE „Werkzeuge" oder „Instrumente", um diese Situationen gut und erfolgreich zu meistern. Gleichzeitig sind es aber auch die Instrumente, die sehr sensibel auf (innere und äußere) Störungen und Stress reagieren: Beispiele lassen sich leicht aus eigenem Erleben finden: So hört man es Gesprächspartnern (besonders natürlich solchen, die man bereits besser kennt) sehr schnell an der Stimme und der Art und Weise des Sprechens an, wie ihre „Grundstimmung" ist (in positiven genauso wie in kritisch oder schwierigen Situationen).
Der Zusammenhang von „Stimme" und „Stimmung" wird dabei sehr gut deutlich, aber eben meistens stark unterschätzt.

Ziel

Ziel dieser Ausführungen ist es daher, für ein eigentlich „selbstverständliches" Thema (die funktionierende Stimme) zu sensibilisieren und Sie anzuregen, selber dafür zu sorgen, dass es bei Ihnen oder auch dem einen oder der anderen MitarbeiterIn/ KollegIn gar nicht erst zur Notwendigkeit einer logopädischen Behandlung kommt.
Außerdem kann es sehr hilfreich sein, sich im Gespräch auch beim ZUHÖREN darüber bewusst zu sein, wie die stimmlichen Zusammenhänge sind und wie sich Stimme, Stimmklang, Sprechen und Sprache auf die INHALTE und auch die ERGEBNISSE auswirken können.

Falldarstellungen:

- Ein selbstständiger Berater im Finanzdienstleistungsbereich kann nach einer verschleppten Erkältung mit anhaltender Heiserkeit für eine längere Zeit (2-3 Wochen?) nicht mehr seiner Berufstätigkeit nachgehen, da er bereits nach den ersten zwei Beratungsterminen heiser ist.
- Die Mitarbeiterin im Call-Center merkt bereits nach 2-3 Stunden Arbeitszeit eine deutliche Verschlechterung der Stimmqualität. Das Sprechen wird mühsamer, die Stimme klingt heiser und rau – es kommt ihr vor, als müsse sie (mit großem Druck) gegen einen Widerstand sprechen. Abends ist sie oft wie „gerädert".
- Ein Softwareentwickler sieht sich vor die (neue und noch ungewohnte) Aufgabe gestellt, Präsentationen und Schulungen für und vor Kunden zu halten. Die ersten Reaktionen sind sehr positiv, allerdings fragen die Teilnehmer immer wieder mal nach, da sie (akustisch) nicht verstanden haben, was der Entwickler gesagt hat. Am

Ende fühlt er sich angespannt und hat das Gefühl, „einen Kloß oder Frosch im Hals" zu haben und sich andauernd räuspern zu wollen. Was aber, wenn nun gleich die nächsten Präsentationen, Beratungen oder Schulungen anstehen?

- Der (neue) Manager eines Konzerns hat die Aufgabe, bei mehreren großen Konferenzen die Präsentation des Unternehmens zu halten. Bereits einige Stunden vorher ist er sehr nervös, unruhig und allein beim Gedanken an den Vortrag „verschlägt es ihm fast die Sprache".

Nur einige Beispiele ganz unterschiedlicher Berufsgruppen, die alle eines gemeinsam haben:
Diese Menschen sind zur Ausübung ihres Berufes alle auf die Stimme und das Sprechen angewiesen. Und damit sie diesen Beruf auch noch lange mit Freude und möglichst ohne allzu große Anstrengungen und Stress weiterhin ausüben können, ist ein (präventives) Stimm- und Sprechtraining eine große Unterstützung.

Fragestellungen

- Wie „ist" und wirkt meine Stimme, meine Sprech- und Ausdrucksweise überhaupt auf andere Menschen?
- Wie kann ich mein Sprechen, die Atmung und meine Stimme positiv beeinflussen OHNE mich selbst (und vielleicht auch andere) zu manipulieren?
- Was sind hilfreiche Übungen für Atmung, Sprechen, Stimme und Resonanz / Tragfähigkeit der Stimme, Artikulation und Sprechtempo, Intention, Körpersprache?

Merke und überprüfe im Alltag:

Beim Sprechen und mit unserer Stimme vermitteln wir IMMER auch einen Gesamteindruck von uns als Person und auch von unserer momentanen Befindlichkeit. Wenn Sie sich, Ihre Wahrnehmung und Ihre Stimme trainieren, erzielen Sie ganz unterschiedliche Effekte:

- Sie lernen nach und nach, ihre eigene und die Sprechweise anderer Menschen besser wahrzunehmen und einzuschätzen
- Sie lernen die Auswirkungen unterschiedlicher Stimmungen und Empfindungen auf Stimme und Sprechen kennen und heraus zu hören und damit umzugehen
- Sie üben sich in angemessenem Sprechtempo und physiologischem Stimmklang
- Sie trainieren Ihre Sprechatmung, so dass Sie mühelos und ohne kurzatmig zu werden, immer wieder ausreichend Luft zur Verfügung haben.
- Sie entdecken den wichtigen Zusammenhang und Wechselwirkung zwischen Stimme, Stimmung und Persönlichkeit und können dies gezielt (positiv) beeinflussen.

Stimmhygiene und Symptome, auf die Sie, besonders in einem Sprechberuf, achten sollten:

Es kann immer wieder einmal vorkommen, dass Ihre Stimme (z.B. im Rahmen einer Erkältung, Grippe oder auch aufgrund anderer äußerer Einflüsse wie Rauch, langes Sprechen gegen Lärm oder auch intensives feiern usw.) „angegriffen", heiser oder belastet klingt. Das hält eine gesunde, belastbare und auch trainierte, physiologische Stimme durchaus aus (wenn es sich nicht um eine Art „Dauerzustand" handelt). Sollte dieser Zustand aber über längere Zeit (mehr als 2 Wochen) anhalten oder bemerken Sie die unten angeführten Symptome bei sich, sollte Sie das aufmerken (und handeln) lassen:

1. Rauhigkeit oder Heiserkeit der Stimme, die besonders abends auftritt und über längere Zeit (auch ohne Erkältung) anhält.
2. Häufiges Räuspern oder Hüsteln. Missempfindungen im Hals wie z.B.: Kratzen, Brennen, Kloß- oder Druckgefühl
3. Sprechunlust oder auch das Gefühl, nicht mehr sprechen zu wollen.
4. (Erforderliche) Pausen zur Stimmerholung verlängern sich: früher genügte eine halbe Stunde – nun muss es fast ein ganzer Tag sein, damit die Stimme wie gewohnt klingt.
5. Erkältungen (mit Stimmbeteiligung) treten häufiger auf – der Heilungsprozess dauert länger als früher.
6. Andauernde stärkere Verschleimung oder auch häufigeres deutliches Trockenheitsgefühl im Hals, Mund- und Rachenraum.
7. Häufiger braucht die Stimme mehr Druck / Anspannung, um überhaupt „anzuspringen". Beim Sprechen kann das Gefühl aufkommen, wie „gegen einen Widerstand" angehen zu müssen.

Besonders diese Symptome sollten Sie dazu veranlassen, vermehrt auf Ihre Stimme zu achten und sie besonders zu pflegen. Im Zweifelsfalle sollten Sie zur weiteren Abklärung unbedingt einen Arzt aufsuchen (HNO-Arzt oder Phoniater). Dort wird dann meistens auch eine funktionelle Stimmuntersuchung (z.B.: durch den Logopäden) vorgenommen.

Zum Abschluss einige Tipps für Ihre nächste Präsentation oder Vortrag:

Einfache Tipps für den effektiven Einsatz der Stimme

1. Am ANFANG und unmittelbar nach Ende Ihres Vorredners:
    Stellen Sie sich zuerst ganz an Ihren „Sprecherstandort" und nehmen Sie (Blick-) KONTAKT zu den Zuhörern auf, bevor Sie mit Ihrer Präsentation oder Ihrem Vortrag beginnen.
2. STIMME & SPRECHEN:
    Achten Sie auf eine ausreichende Mundöffnung beim Sprechen. Wenn Sie die Zähne so weit öffnen, dass der Daumen hochkant dazwischen passt, dann ist es ausgezeich-

net: Der Schall (und damit auch der Inhalt!!) kommt gut und ohne „Hindernisse" zu den Zuhörern.

3. ATMUNG & TEMPO: Vor Beginn NICHT extra einatmen! Sie haben zu (fast) jeder Zeit ausreichend Luft zum Sprechen zur Verfügung.

   KURZE Sätze verhelfen Ihnen zu genügend Luft, angemessenem Tempo und dem Hörer zu leichterem Verständnis.

4. BETONUNG: Der „TON" macht die Musik!

   Markieren Sie wichtige und besonders hervorzuhebende Stellen im Manuskript und betonen Sie diese. Probieren Sie selber aus, wie sich die Bedeutung eines Satzes bereits durch eine andere Betonung verändert!!

   Betonen Sie beim Beispielsatz: „Ich gehe jetzt nach Hause!" nacheinander jeweils ein anderes Wort und fragen Sie Ihren Gesprächspartner, was genau er verstanden hat (eben auch zwischen den Zeilen)

5. MIMIK & GESTIK:

   Bleiben Sie die ganze Zeit im KONTAKT mit Ihren Zuhörern, d.h.: Blick reihum schweifen lassen. Die Vorstellung: „Ich spreche diesen Besucher ganz persönlich an", kann dabei helfen.

   Motto: Wen ich ansehe, dem verleihe ich Ansehen!

   Ein freundlicher Blick und etwas Aktivität mit den Händen (oberhalb der Gürtellinie) unterstreichen Ihre Präsentation.

6. Und zum ABSCHLUSS? Beenden Sie (in aller Ruhe) Ihre Präsentation oder Vortrag, evtl. auch mit einem Blick „In die Runde" und setzen Sie sich erst dann wieder (nach Ende des Beifalls) an Ihren Platz.

Für Ihre Rückfragen stehe ich gerne zur Verfügung.
Gutes und stimmiges Gelingen Ihres nächsten (öffentlichen) Auftritts!!